verwaltungsrecht

2025
행정법
최신판례

법학박사
정선균 저

Preface

이 책은 2023년부터 2025년 7월까지 나온 대법원 판례 중 행정법과 관련된 판례를 정리하여 소개하고 있습니다.

거의 모든 사건의 사실관계를 제시하여 사례문제에 대비하도록 하였으며, 꼭 읽어야 할 부분에는 밑줄을 그어 효율적인 학습이 가능하도록 하였습니다. 또한 마지막에는 해당 판례를 짧게 요약한 내용을 박스로 제시하여 기억에 잘 남도록 하였습니다.

아무쪼록 이 책을 통해 행정법에 대한 이해가 깊어지기를 바라며…

2025. 7.

법학박사 정선균

CONTENTS

2023년 판례

[01] 대법원 2023. 1. 12. 선고 2021다201184 판결 ★ · · · · · · · · · · · · · · · 3

[02] 대법원 2023. 2. 2. 선고 2020두43722 판결 ★ · · · · · · · · · · · · · · · · 5

[03] 대법원 2023. 2. 2. 선고 2020두48260 판결(GS건설 사건) 대법원 2023. 4. 27. 선고
2020두47892 판결(한화시스템 사건) ★ · · · · · · · · · · · · · · · · · · · 7

[04] 대법원 2023. 2. 23. 선고 2022두57381 판결 · · · · · · · · · · · · · · · · · 8

[05] 대법원 2023. 2. 23. 선고 2021두44548 판결 · · · · · · · · · · · · · · · · 10

[06] 대법원 2023. 2. 23. 선고 2020두36724 판결 · · · · · · · · · · · · · · · · 11

[07] 대법원 2023. 3. 16. 선고 2022두58599 판결 · · · · · · · · · · · · · · · · 12

[08] 대법원 2023. 4. 13. 선고 2021다254799 판결 · · · · · · · · · · · · · · · 14

[09] 대법원 2023. 6. 1. 선고 2019두41324 판결 · · · · · · · · · · · · · · · · · 16

[10] 대법원 2023. 6. 15. 선고 2021두55159 판결 · · · · · · · · · · · · · · · · 17

[11] 대법원 2023. 6. 29. 선고 2022두56586 판결 · · · · · · · · · · · · · · · · 18

[12] 대법원 2023. 6. 29. 선고 2022두44262 판결 · · · · · · · · · · · · · · · · 19

[13] 대법원 2023. 6. 29. 선고 2020두46073 판결 ★ · · · · · · · · · · · · · · 21

[14] 대법원 2023. 6. 29. 선고 2023다205968 판결 ★ · · · · · · · · · · · · · 23

[15] 대법원 2023. 7. 13. 선고 2022추5149 판결 · · · · · · · · · · · · · · · · · 25

[16] 대법원 2023. 7. 27. 선고 2022두52980 판결 · · · · · · · · · · · · · · · · 26

[17] 대법원 2023. 8. 18. 선고 2021두41495 판결 · · · · · · · · · · · · · · · · 27

[18] 대법원 2023. 9. 21. 선고 2022두31143 판결 ★ · · · · · · · · · · · · · · 29

[19] 대법원 2023. 9. 21. 선고 2023두39724 판결 ★ · · · · · · · · · · · · · · 31

[20] 대법원 2023. 10. 26. 선고 2018두55272 판결 ★ · · · · · · · · · · · · · 33

[21] 대법원 2023. 10. 26. 선고 2020두50966 판결 · · · · · · · · · · · · · · · 35

[22] 대법원 2023. 11. 2. 선고 2023두41727 판결 · · · · · · · · · · · · · · · · 37

[23] 대법원 2023. 11. 16. 선고 2022두61816 판결 · · · · · · · · · · · · · · · 39

[24] 대법원 2023. 11. 30. 선고 2019두38465 판결 · · · · · · · · · · · · · · · 41

[25] 대법원 2023. 12. 21. 선고 2020두50348 판결 · · · · · · · · · · · · · · · 43

[26] 대법원 2023. 12. 21. 선고 2023두42904 판결 · · · · · · · · · · · · · · · 45

[27] 대법원 2023. 12. 28. 선고 2020두49553 판결 · · · · · · · · · · · · · · · 47

2024년 판례

[01] 대법원 2024. 1. 4. 선고 2022두65092 판결 · · · · · · · · · · · · · · · · 51
[02] 대법원 2024. 2. 8. 선고 2022두50571 판결 ★ · · · · · · · · · · · · · 53
[03] 대법원 2024. 2. 8. 선고 2020다209938 판결 · · · · · · · · · · · · · 55
[04] 대법원 2024. 2. 29. 선고 2020두54029 판결 · · · · · · · · · · · · · 56
[05] 대법원 2024. 3. 12. 선고 2021두58998 판결 · · · · · · · · · · · · · 58
[06] 대법원 2024. 3. 12. 선고 2022두60011 판결 · · · · · · · · · · · · · 60
[07] 대법원 2024. 3. 12. 선고 2020다290569 판결 · · · · · · · · · · · · 62
[08] 대법원 2024. 4. 4. 선고 2022두56661 판결 ★ · · · · · · · · · · · · · 64
[09] 대법원 2024. 4. 25. 자 2023마8009 결정 · · · · · · · · · · · · · · · · 66
[10] 대법원 2024. 4. 16. 선고 2022두57138 판결 · · · · · · · · · · · · · 67
[11] 대법원 2024. 5. 23. 선고 2021두35834 전원합의체 판결 · · · · · · 69
[12] 대법원 2024. 5. 30. 선고 2023두61707 판결 ★ · · · · · · · · · · · · 70
[13] 대법원 2024. 5. 30. 선고 2022두65559 판결 · · · · · · · · · · · · · 72
[14] 대법원 2024. 5. 30. 선고 2021두58202 판결 · · · · · · · · · · · · · 73
[15] 대법원 2024. 6. 13. 선고 2023두54112 판결 · · · · · · · · · · · · · 75
[16] 대법원 2024. 6. 19. 자 2024무689 결정 ★★ · · · · · · · · · · · · · · 76
[17] 대법원 2024. 6. 27. 선고 2024두32393 판결 · · · · · · · · · · · · · 79
[18] 대법원 2024. 6. 27. 선고 2022추5132 판결 · · · · · · · · · · · · · · 80
[19] 대법원 2024. 7. 18. 선고 2022두43528 전원합의체 판결 · · · · · · 81
[20] 대법원 2024. 7. 18. 선고 2023두36800 전원합의체 판결 · · · · · · 84
[21] 대법원 2024. 7. 25. 선고 2023추5177 판결 ★ · · · · · · · · · · · · · 86
[22] 대법원 2024. 8. 1. 선고 2022두60073 판결 · · · · · · · · · · · · · · 88
[23] 대법원 2024. 9. 12. 선고 2022두43405 판결 · · · · · · · · · · · · · 90
[24] 대법원 2024. 10. 31. 선고 2021두41204 판결 · · · · · · · · · · · · 92
[25] 대법원 2024. 11. 28. 선고 2023두61349 판결 ★★★ · · · · · · · · · 94
[26] 대법원 2024. 12. 12. 선고 2024두41816 판결 · · · · · · · · · · · · 97

2025년 판례

[01] 대법원 2025. 1. 9. 선고 2019두35763 판결 · · · · · · · · · · · · · 101
[02] 대법원 2025. 1. 23. 선고 2024두33556 판결 · · · · · · · · · · · · 103
[03] 대법원 2025. 2. 20. 선고 2024두55877 판결 ★ · · · · · · · · · · 105
[04] 대법원 2025. 2. 20. 선고 2024두52427 판결 · · · · · · · · · · · · 107
[05] 대법원 2025. 2. 27. 선고 2024두47890 판결 · · · · · · · · · · · · 108
[06] 대법원 2025. 2. 27. 선고 2023다233895 판결 · · · · · · · · · · · 110
[07] 대법원 2025. 3. 13. 선고 2024두58692 판결 · · · · · · · · · · · · 112
[08] 대법원 2025. 3. 13. 선고 2024두54683 판결 · · · · · · · · · · · · 114
[09] 대법원 2025. 3. 13. 선고 2024두45788 판결 ★ · · · · · · · · · · 116
[10] 대법원 2025. 4. 3. 선고 2023두31454 판결 · · · · · · · · · · · · · 119
[11] 대법원 2025. 5. 15. 선고 2024두33891 판결 · · · · · · · · · · · · 121
[12] 대법원 2025. 5. 15. 선고 2023추5054 판결 · · · · · · · · · · · · · 123
[13] 대법원 2025. 5. 15. 선고 2024두35989 판결 · · · · · · · · · · · · 125
[14] 대법원 2025. 5. 29. 선고 2024두44754 판결 ★ · · · · · · · · · · 127
[15] 대법원 2025. 6. 5. 선고 2023두47411 판결 · · · · · · · · · · · · · 129
[16] 대법원 2025. 6. 26. 선고 2023다252551 판결 · · · · · · · · · · · 131
[17] 대법원 2025. 6. 26. 선고 2024두64000 판결 · · · · · · · · · · · · 134
[18] 대법원 2025. 7. 26. 선고 2024두39158 판결 · · · · · · · · · · · · 136

2023년 판례

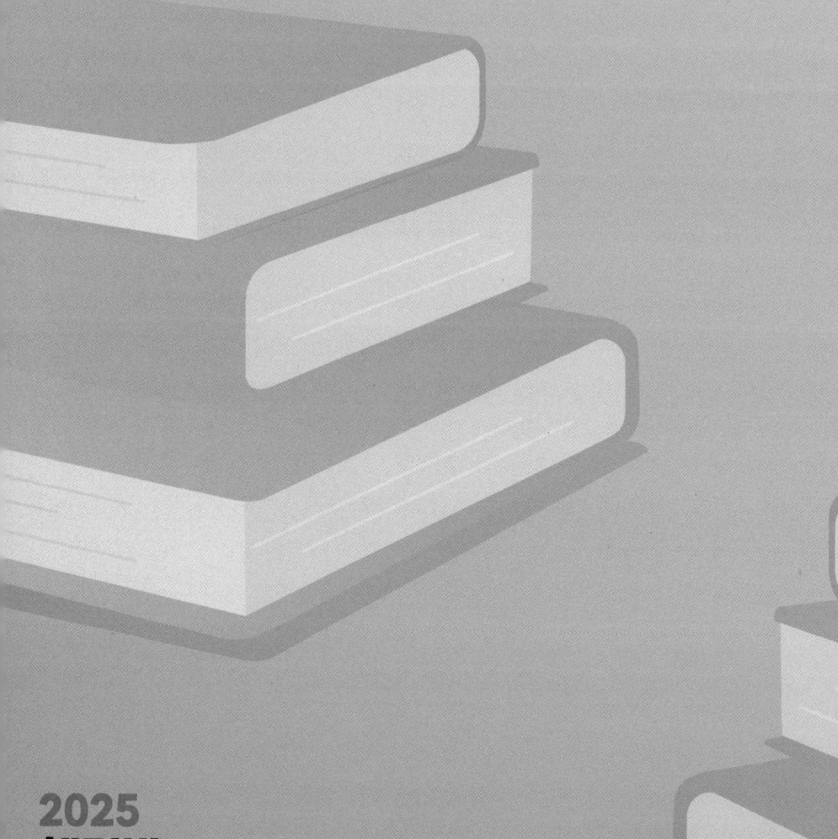

**2025
행정법
최신판례**

★ 대법원 2023. 1. 12. 선고 2021다201184 판결

[사실관계]

원고는 1974년경 피고(대한민국) 소속 수사기관 담당공무원들에 의하여 대통령긴급조치 제1호(이하 '긴급조치 제1호'라 한다) 및 대통령긴급조치 제4호(이하 '긴급조치 제4호'라 한다) 위반 혐의로 영장 없이 체포되어 1974. 4. 23. 구속영장 집행으로 구속되었다. 이후 원고에 대한 기소가 이루어지지 않았고 원고는 공판절차를 거치지 않은 채 1974. 8. 8. 구속이 취소되어 석방되었다.

원고는 민주화운동 관련자 명예회복 및 보상심의위원회(이하 '보상심의위원회'라 한다)로부터 2007. 9. 10. 구「민주화운동 관련자 명예회복 및 보상 등에 관한 법률」(2000. 1. 12. 법률 제6123호로 제정되고 2015. 5. 18. 법률 제13289호로 개정되기 전의 것, 이하 '구 민주화보상법'이라고 한다)상 민주화운동관련자 인정결정을 받아, 2007. 12. 24. 및 2008. 2. 19. 보상심의위원회의 보상금 지급결정에 동의하고 보상금을 수령하였다.

원고는 긴급조치 제1호 및 제4호에 근거한 수사 등이 불법행위에 해당한다고 주장하면서 2019. 5. 10. 국가배상을 구하는 이 사건 소를 제기하였다.

[판결요지]

[1] 대통령긴급조치 제1호, 제4호의 발령·적용·집행으로 강제수사를 받거나 유죄판결을 선고받고 복역함으로써 개별 국민이 입은 손해에 대하여 국가배상책임이 인정되는지 여부(적극)

대통령긴급조치 제1호(1974. 1. 8. 대통령긴급조치 제1호, 이하 '긴급조치 제1호'라고 한다), 제4호(1974. 4. 3. 대통령긴급조치 제4호, 이하 '긴급조치 제4호'라고 한다)는 위헌·무효임이 명백하고 긴급조치 제1호, 제4호 발령으로 인한 국민의 기본권 침해는 그에 따른 강제수사와 공소제기, 유죄판결의 선고를 통하여 현실화되었다. 이러한 경우 긴급조치 제1호, 제4호의 발령부터 적용·집행에 이르는 일련의 국가작용은 전체적으로 보아 공무원이 직무를 집행하면서 객관적 주의의무를 소홀히 하여 그 직무행위가 객관적 정당성을 상실한 것으로서 위법하다고 평가되고, 긴급조치 제1호, 제4호의 적용·집행으로 강제수사를 받거나 유죄판결을 선고받고 복역함으로써 개별 국민이 입은 손해에 대해서는 국가배상책임이 인정될 수 있다.

[2] 진실·화해를 위한 과거사정리 기본법 제2조 제1항 제3호의 '민간인 집단 희생사건', 같은 항 제4호의 '중대한 인권침해사건·조작의혹사건'에서 공무원의 위법한 직무집행으로 입은 손해에 대한 국가배상청구권에 민법 제766조 제2항에 따른 장기소멸시효가 적용되는지 여부(소극)

헌법재판소는 2018. 8. 30. 민법 제166조 제1항, 제766조 제2항 중 '진실·화해를 위한 과거사정리 기본법'(이하 '과거사정리법'이라 한다) 제2조 제1항 제3호의 '민간인 집단 희생사건', 같은 항 제4호의 '중대한 인권침해사건·조작의혹사건'에 적용되는 부분은 헌법에 위반된다는 결정을 선고하였다. 따라서 과거사정리법상 '민간인 집단 희생사건', '중대한 인권침해사건·조작의혹사건'에서 공무원의 위법한 직무집행으로 입은 손해에 대한 국가배상청구권에 대해서는 민법 제766조 제2항에 따른 장기소멸시효가 적용되지 않는다.

[3] 국가배상청구권에 관한 3년의 단기시효기간은 민법 제766조 제1항에서 정한 '손해 및 가해자를 안 날'에 더하여 민법 제166조 제1항에서 정한 '권리를 행사할 수 있는 때'가 도래하여야 시효가 진행하는지 여부(적극)

국가배상청구권에 관한 3년의 단기시효기간 기산에는 민법 제766조 제1항 외에 소멸시효의 기산점에 관한 일반규정인 민법 제166조 제1항이 적용된다. 따라서 3년의 단기시효기간은 그 '손해 및 가해자를 안 날'에 더하여 그 '권리를 행사할 수 있는 때'가 도래하여야 비로소 시효가 진행한다.

[4] 대통령긴급조치 제1호 및 제4호 위반 혐의로 영장 없이 체포되어 구속되었다가 기소되지 않은 채 구속취소로 석방된 갑이 구 민주화운동 관련자 명예회복 및 보상 등에 관한 법률상 민주화운동 관련자 인정결정을 받아 보상금 지급결정에 동의하고 보상금을 수령한 후 국가를 상대로 긴급조치 제1호 및 제4호에 근거한 수사 등이 불법행위에 해당한다며 국가배상을 구한 사안에서, 제반 사정을 종합하면 소 제기 당시까지도 갑이 국가를 상대로 긴급조치 제1호, 제4호에 기한 일련의 국가작용으로 인한 불법행위로 발생한 권리를 행사할 수 없는 장애사유가 있어 소멸시효가 완성되지 않았다고 보는 것이 타당하다고 한 사례

긴급조치 제1호 및 긴급조치 제4호 위반 혐의로 영장 없이 체포되어 구속되었다가 기소되지 않은 채 구속취소로 석방된 갑이 구 민주화운동 관련자 명예회복 및 보상 등에 관한 법률(이하 '구 민주화보상법'이라고 한다)상 민주화운동 관련자 인정결정을 받아 보상금 지급결정에 동의하고 보상금을 수령한 후 국가를 상대로 긴급조치 제1호 및 제4호에 근거한 수사 등이 불법행위에 해당한다며 국가배상을 구한 사안에서, 갑이 긴급조치 제1호, 제4호 위반 혐의로 체포되어 구속되었다가 구속취소로 석방되고 그 이후 자신에 대한 형사처분이 재심대상이 아니어서 형사재심절차를 거치지 아니한 채 국가배상청구에 이르게 된 경위, 긴급조치에 대한 사법적 심사가 이루어진 시기, 긴급조치 제1호, 제4호에 대한 위헌·무효 판단 이후에도 불법행위에 대한 국가배상청구를 원칙적으로 부정했던 대법원 판례의 존재, 민주화운동과 관련한 보상금 등 지급결정 동의에 재판상 화해의 효력을 인정하던 구 민주화보상법 제18조 제2항과 이에 대한 헌법재판소의 위헌 결정 등 제반 사정을 종합하면, 소 제기 당시까지도 갑이 국가를 상대로 긴급조치 제1호, 제4호에 기한 일련의 국가작용으로 인한 불법행위로 발생한 권리를 행사할 수 없는 장애사유가 있어 소멸시효가 완성되지 않았다고 보는 것이 타당하다고 한 사례.

요약

❶ 긴급조치 제1호, 제4호는 위헌·무효이므로 긴급조치 제1호, 제4호의 적용·집행으로 강제수사를 받거나 유죄판결을 선고받고 복역함으로써 국민이 입은 손해에 대해서는 국가배상책임이 인정될 수 있다.

❷ 과거사정리법상 '민간인 집단 희생사건', '중대한 인권침해사건·조작의혹사건'에서 공무원의 위법한 직무집행으로 입은 손해에 대한 국가배상청구권에 대해서는 민법 제766조 제2항에 따른 장기소멸시효가 적용되지 않는다.

❸ 국가배상청구권에 관한 3년의 단기시효기간은 그 '손해 및 가해자를 안 날'에 더하여 그 '권리를 행사할 수 있는 때'가 도래하여야 비로소 시효가 진행한다.

★ 대법원 2023. 2. 2. 선고 2020두43722 판결

[사실관계]

원고는 2017. 3. 8. 피고에게 대구 서구 (주소 생략) 외 1필지(이하 '이 사건 신청지'라고 한다) 지상에 동물장묘시설 1동(이하 '이 사건 동물장묘시설'이라고 한다)을 신축하기 위하여 개발행위허가신청 등이 포함된 복합민원 형태의 건축허가 신청을 하였다(이하 '이 사건 신청'이라고 한다).

피고(대구광역시 서구청장)는 2019. 4. 10. 원고에게 '교통 관련: 개발행위허가운영지침 중 3-3-2-1에 근거한 진입도로 확보와 관련한 자료 불충분', '입지의 적정성 관련: 동물보호법(2019. 3. 25. 시행)에 따른 학교와 동물장묘시설과의 거리제한 규정과 관련하여 입지의 적정성 기준에 부합하지 아니함'의 이유로 이 사건 신청을 불허가하는 처분을 하였다(이하 '이 사건 처분'이라고 한다).

한편 2018. 12. 24. 법률 제16075호로 일부 개정되어 2019. 3. 25.부터 시행된 동물보호법(이하 '개정 동물보호법'이라고 한다) 제32조 제1항, 제33조 제4항 제5호 (나)목은 20호 이상의 인가밀집지역, 학교, 그 밖에 공중이 수시로 집합하는 시설 또는 장소로부터 300m 이하 떨어진 곳에 동물장묘시설을 설치하려는 경우에는 원칙적으로 동물장묘업 등록을 할 수 없다고 규정하고 있다. 이 사건 신청지 남쪽으로 직선거리 200m 이내에 계성고등학교가 위치하고 있다.

[판결요지]

[1] 국토의 계획 및 이용에 관한 법률 시행령 제56조 제4항에 따라 국토교통부장관이 국토교통부 훈령으로 정한 '개발행위허가운영지침'의 법적 성격(=행정규칙) 및 대외적 구속력이 있는지 여부(소극) / 위 지침에 따라 이루어진 행정처분이 적법한지 판단하는 기준

국토의 계획 및 이용에 관한 법률(이하 '국토계획법'이라 한다) 제58조 제1항, 제3항은 개발행위허가의 신청 내용이 '주변지역의 토지이용실태 또는 토지이용계획, 건축물의 높이, 토지의 경사도, 수목의 상태, 물의 배수, 하천·호소·습지의 배수 등 주변 환경이나 경관과 조화를 이룰 것'이라는 기준에 맞는 경우에만 개발행위허가 또는 변경허가를 하여야 하고, 개발행위허가의 기준은 지역의 특성, 지역의 개발상황, 기반시설의 현황 등을 고려하여 다음 각호의 구분에 따라 대통령령으로 정한다고 규정하고 있다.

국토의 계획 및 이용에 관한 법률 시행령(이하 '국토계획법 시행령'이라 한다) 제56조 제1항 [별표 1의2] '개발행위허가기준'은 국토계획법 제58조 제3항의 위임에 따라 제정된 대외적으로 구속력 있는 법규명령에 해당한다. 그러나 국토계획법 시행령 제56조 제4항은 국토교통부장관이 제1항의 개발행위허가기준에 대한 '세부적인 검토기준'을 정할 수 있다고 규정하였을 뿐이므로, 그에 따라 국토교통부장관이 국토교통부 훈령으로 정한 '개발행위허가운영지침'은 국토계획법 시행령 제56조 제4항에 따라 정한 개발행위허가기준에 대한 세부적인 검토기준으로, 상급행정기관인 국토교통부장관이 소속 공무원이나 하급행정기관에 대하여 개발행위허가업무와 관련하여 국토계획법령에 규정된 개발행위허가기준의 해석·적용에 관한 세부 기준을 정하여 둔 행정규칙에 불과하여 대외적 구속력이 없다. 따라서 행정처분이 위 지침에 따라 이루어졌더라도, 해당 처분이 적법한지는 국토계획법령에서 정한 개발행위허가기준과 비례·평등원칙과 같은 법의 일반원칙에 적합한지 여부에 따라 판단해야 한다.

[2] 국토의 계획 및 이용에 관한 법률 제56조 제1항에 따른 개발행위허가요건에 해당하는지 여부가 행정청의 재량판단 영역에 속하는지 여부(적극) 및 그에 대한 사법심사의 대상과 판단 기준 / 행정규칙이 행정기관의 재량에 속하는 사항에 관한 것인 경우, 법원은 이를 존중해야 하는지 여부(원칙적 적극)

국토의 계획 및 이용에 관한 법률(이하 '국토계획법'이라 한다) 제56조 제1항에 따른 개발행위허가요건에 해당하는지 여부는 행정청의 재량판단의 영역에 속하므로, 그에 대한 사법심사는 행정청의 공익판단에 관한 재량의 여지를 감안하여 원칙적으로 재량권의 일탈이나 남용이 있는지 여부만을 대상으로 하고, 사실오인과 비례·평등의 원칙 위반 여부 등이 그 판단 기준이 된다. 또한 행정규칙이 이를 정한 행정기관의 재량에 속하는 사항에 관한 것인 때에는 그 규정 내용이 객관적 합리성을 결여하였다는 등의 특별한 사정이 없는 한 법원은 이를 존중하는 것이 바람직하다.

[3] 행정처분의 근거 법령이 개정된 경우, 처분의 기준이 되는 법령 / 행정청이 신청을 수리한 후 정당한 이유 없이 처리를 지연하여 그 사이에 법령 및 보상 기준이 변경된 경우, 그 변경된 법령 및 보상 기준에 따라서 한 처분이 위법한지(적극) 및 이때 정당한 이유 없이 처리를 지연하였는지 판단하는 방법

행정처분은 그 근거 법령이 개정된 경우에도 경과 규정에서 달리 정함이 없는 한 처분 당시 시행되는 개정 법령과 거기에서 정한 기준에 의하는 것이 원칙이고, 개정 법령의 적용과 관련하여 개정 전 법령의 존속에 대한 국민의 신뢰가 개정 법령의 적용에 관한 공익상의 요구보다 더 보호가치가 있다고 인정되는 경우에 국민의 신뢰를 보호하기 위하여 개정 법령의 적용이 제한될 수 있는 여지가 있다. 행정청이 신청을 수리하고도 정당한 이유 없이 처리를 지연하여 그 사이에 법령 및 보상 기준이 변경된 경우에는 그 변경된 법령 및 보상 기준에 따라서 한 처분은 위법하고, '정당한 이유 없이 처리를 지연하였는지'는 법정 처리기간이나 통상적인 처리기간을 기초로 당해 처분이 지연되게 된 구체적인 경위나 사정을 중심으로 살펴 판단하되, 개정 전 법령의 적용을 회피하려는 행정청의 동기나 의도가 있었는지, 처분지연을 쉽게 피할 가능성이 있었는지 등도 아울러 고려할 수 있다.

요약

❶ 국토계획법 제56조 제1항에 따른 개발행위허가는 재량행위이다.

❷ 국토교통부장관이 국토교통부 훈령으로 정한 '개발행위허가운영지침'은 개발행위허가기준의 해석·적용에 관한 세부 기준을 정하여 둔 행정규칙에 불과하다.

★ 대법원 2023. 2. 2. 선고 2020두48260 판결(GS건설 사건)
대법원 2023. 4. 27. 선고 2020두47892 판결(한화시스템 사건)

[판결요지]

[1] 행정청의 행위가 항고소송의 대상이 될 수 있는지 결정하는 방법

항고소송의 대상인 '처분'이란 "행정청이 행하는 구체적 사실에 관한 법집행으로서의 공권력의 행사 또는 그 거부와 그 밖에 이에 준하는 행정작용"(행정소송법 제2조 제1항 제1호)을 말한다. 행정청의 행위가 항고소송의 대상이 될 수 있는지는 추상적·일반적으로 결정할 수 없고, 구체적인 경우에 관련 법령의 내용과 취지, 그 행위의 주체·내용·형식·절차, 그 행위와 상대방 등 이해관계인이 입는 불이익 사이의 실질적 견련성, 법치행정의 원리와 그 행위에 관련된 행정청이나 이해관계인의 태도 등을 고려하여 개별적으로 결정하여야 한다.

[2] 공정거래위원회가 구 하도급거래 공정화에 관한 법률 제26조 제2항 후단에 따라 관계 행정기관의 장에게 한 원사업자 또는 수급사업자에 대한 입찰참가자격의 제한을 요청한 결정이 항고소송의 대상이 되는 처분인지 여부(적극)

구 하도급거래 공정화에 관한 법률(2022. 1. 11. 법률 제18757호로 개정되기 전의 것, 이하 '법'이라 한다) 제26조 제2항은 입찰참가자격제한 요청의 요건을 구 하도급거래 공정화에 관한 법률 시행령(2021. 1. 12. 대통령령 제31393호로 개정되기 전의 것, 이하 '시행령'이라 한다)으로 정하는 기준에 따라 부과한 벌점의 누산점수가 일정 기준을 초과하는 경우로 구체화하고, 위 요건을 충족하는 경우 공정거래위원회는 법 제26조 제2항 후단에 따라 관계 행정기관의 장에게 해당 사업자에 대한 입찰참가자격제한 요청 결정을 하게 되며, 이를 요청받은 관계 행정기관의 장은 특별한 사정이 없는 한 그 사업자에 대하여 입찰참가자격을 제한하는 처분을 해야 하므로, 사업자로서는 입찰참가자격제한 요청 결정이 있으면 장차 후속 처분으로 입찰참가자격이 제한될 수 있는 법률상 불이익이 존재한다. 이때 입찰참가자격제한 요청 결정이 있음을 알고 있는 사업자로 하여금 입찰참가자격제한처분에 대하여만 다툴 수 있도록 하는 것보다는 그에 앞서 직접 입찰참가자격제한 요청 결정의 적법성을 다툴 수 있도록 함으로써 분쟁을 조기에 근본적으로 해결하도록 하는 것이 법치행정의 원리에도 부합한다. 따라서 공정거래위원회의 입찰참가자격제한 요청 결정은 항고소송의 대상이 되는 처분에 해당한다.

요약

공정거래위원회의 입찰참가자격제한 요청 결정은 항고소송의 대상이 되는 처분이다.

대법원 2023. 2. 23. 선고 2022두57381 판결

[사실관계]

원고는 구미시 (주소 1 생략)에서 '○○○ 공인중개사'라는 상호로 중개사무소를 개설·등록하여 운영하고 있는 개업공인중개사이다. 원고는 2018. 8. 22.경 구미시 (주소 2 생략) △△△△△△ 아파트 (동호수 생략) 전세계약을 중개하면서, 중개대상물 확인·설명서 원본을 여러 장 작성하여 각 계약당사자들 및 상대방 공인중개사에게 교부하고 그중 한 장을 자신이 보관하였다.

피고(구미시장)는 2021. 4. 15. 위 사무소를 방문하여 현장 지도·점검을 한 결과, 위 전세계약과 관련하여 원고가 보관 중인 중개대상물 확인·설명서(이하 '이 사건 확인·설명서'라 한다)에 원고의 서명이 누락되어 있는 등 총 3건의 위반행위를 적발하였다. 피고는 2021. 5. 26. 원고에게 '중개대상물 확인·설명서에 서명 또는 날인을 누락하여 공인중개사법 제25조 제4항을 위반하였다.'라는 이유로 업무정지 1개월 15일을 명하는 이 사건 처분을 하였다.

[판결요지]

[1] 행정처분의 근거 법령이 개정된 경우, 행정처분에 적용되는 법령(=처분 시 시행되는 개정 법령) 및 법령 위반행위에 대하여 행정상 제재처분을 할 때 적용되는 법령(=위반행위 시 시행되던 법령)

행정처분은 근거 법령이 개정된 경우에도 경과규정에서 달리 정함이 없는 한 처분 당시 시행되는 개정 법령과 그 정한 기준에 따르는 것이 원칙이나, 법령 위반행위에 대하여 행정상의 제재처분을 하려면 달리 특별한 규정을 두고 있지 않은 이상 위반행위 당시 시행되던 법령에 따라야 한다.

[2] 개업공인중개사에게 거래계약서 또는 확인·설명서에 서명 및 날인하도록 한 구 공인중개사법 제25조 제4항의 규정 취지 및 여기서 말하는 '제3항의 규정에 의한 확인·설명서'에 개업공인중개사가 보존하는 중개대상물 확인·설명서가 포함되는지 여부(소극)

구 공인중개사법(2018. 8. 14. 법률 제15724호로 개정되기 전의 것, 이하 같다) 제25조 제3항은 "개업공인중개사는 중개가 완성되어 거래계약서를 작성하는 때에는 제1항의 규정에 의한 확인·설명사항을 대통령령이 정하는 바에 따라 서면으로 작성하여 거래당사자에게 교부하고 대통령령이 정하는 기간 동안 그 사본을 보존하여야 한다."라고 규정하고, 같은 조 제4항은 "제3항의 규정에 의한 확인·설명서에는 개업공인중개사(법인인 경우에는 대표자를 말하며, 법인에 분사무소가 설치되어 있는 경우에는 분사무소의 책임자를 말한다)가 서명 및 날인하되, 당해 중개행위를 한 소속공인중개사가 있는 경우에는 소속공인중개사가 함께 서명 및 날인하여야 한다."라고 규정하고 있다. 개업공인중개사로 하여금 거래계약서 또는 확인·설명서에 서명 및 날인하도록 하는 것은 거래계약 당사자 간의 분쟁을 예방하고 중개업자의 공정한 중개행위를 담보하기 위하여 개업공인중개사로 하여금 확인·설명서 등에 자필로 서명하고 인장을 날인하게 함으로써 중개업무수행의 직접성과 공식성을 확보하려는 데에 취지가 있다.

이와 같은 구 공인중개사법 제25조 제3항, 제4항의 내용, 체계와 취지, 침익적 행정처분의 근거 법령에 관한 엄격해석의 원칙 등을 고려하면, 구 공인중개사법 제25조 제4항에서 말하는 '제3항의 규정에 의한 확인·설명서'란 개업공인중개사가 '거래당사자에게 교부하는' 중개대상물 확인·설명서를 의미하고, 개업공인중개사가 보존하는 중개대상물 확인·설명서는 포함되지 않는다.

> **요약**
>
> 법령 위반행위에 대하여 행정상의 제재처분을 하려면 위반행위 당시 시행되던 법령에 따라야 한다.

대법원 2023. 2. 23. 선고 2021두44548 판결

[판결요지]

[1] 행정청의 행위가 항고소송의 대상이 될 수 있는지 결정하는 방법

항고소송의 대상인 '처분'이란 '행정청이 행하는 구체적 사실에 관한 법집행으로서의 공권력의 행사 또는 그 거부와 그 밖에 이에 준하는 행정작용'(행정소송법 제2조 제1항 제1호)을 말한다. 행정청의 행위가 항고소송의 대상이 될 수 있는지는 추상적·일반적으로 결정할 수 없고, 구체적인 경우에 관련 법령의 내용과 취지, 그 행위의 주체·내용·형식·절차, 그 행위와 상대방 등 이해관계인이 입는 불이익 사이의 실질적 견련성, 법치행정의 원리와 그 행위에 관련된 행정청이나 이해관계인의 태도 등을 고려하여 개별적으로 결정하여야 한다.

[2] 여객자동차 운송사업자 갑 주식회사가 시내버스 노선을 운행하면서 환승요금할인, 청소년요금할인을 시행한 데에 따른 손실을 보전해 달라며 경기도지사와 광명시장에게 보조금 지급신청을 하였으나, 경기도지사가 갑 회사와 광명시장에게 '갑 회사의 보조금 지급신청을 받아들일 수 없음은 기존에 회신한 바와 같고, 광명시에서는 적의 조치하여 주기 바란다.'는 취지로 통보한 사안에서, 경기도지사의 위 통보는 갑 회사의 권리·의무에 직접적인 영향을 주는 것이라고 할 수 없어 항고소송의 대상이 되는 처분으로 볼 수 없다고 한 사례

여객자동차 운송사업자 갑 주식회사가 시내버스 노선을 운행하면서 환승요금할인 및 청소년요금할인을 시행한 데에 따른 손실을 보전해 달라며 경기도지사와 광명시장에게 보조금 지급신청을 하였으나, 경기도지사가 갑 회사와 광명시장에게 '갑 회사의 보조금 지급신청을 받아들일 수 없음은 기존에 회신한 바와 같고, 광명시에서는 적의 조치하여 주기 바란다.'는 취지로 통보한 사안에서, 경기도 여객자동차 운수사업 관리 조례 제15조에 따른 보조금 지급사무는 광명시장에게 위임되었으므로 위 신청에 대한 응답은 광명시장이 해야 하고, 경기도지사는 갑 회사의 보조금 지급신청에 대한 처분권한자가 아니며, 위 통보는 경기도지사가 갑 회사의 보조금 신청에 대한 최종적인 결정을 통보하는 것이라기보다는 광명시장의 사무에 대한 지도·감독권자로서 갑 회사에 대하여는 보조금 지급신청에 대한 의견을 표명함과 아울러 광명시장에 대하여는 경기도지사의 의견에 따라 갑 회사의 보조금 신청을 받아들일지를 심사하여 갑 회사에 통지할 것을 촉구하는 내용으로 보는 것이 타당하므로, 경기도지사의 위 통보는 갑 회사의 권리·의무에 직접적인 영향을 주는 것이라고 할 수 없어 항고소송의 대상이 되는 처분으로 볼 수 없다고 한 사례.

요약

경기도지사가 갑 회사와 광명시장에게 '갑 회사의 보조금 지급신청을 받아들일 수 없음은 기존에 회신한 바와 같고, 광명시에서는 적의 조치하여 주기 바란다.'는 취지로 통보한 사안에서 경기도지사의 위 통보는 갑 회사의 권리·의무에 직접적인 영향을 주는 것이라고 할 수 없어 항고소송의 대상이 되는 처분으로 볼 수 없다.

대법원 2023. 2. 23. 선고 2020두36724 판결

[판결요지]

□ 주택재개발사업 조합설립인가 후 1인의 토지 등 소유자로부터 정비구역 안에 소재한 토지 또는 건축물의 소유권을 양수하여 수인이 소유하게 된 경우, 전원이 1인의 조합원으로서 1인의 분양대상자 지위를 가지는지 여부(원칙적 적극)

구 도시 및 주거환경정비법(2017. 2. 8. 법률 제14567호로 전부 개정되기 전의 것, 이하 '구 도시정비법'이라 한다) 제19조 제1항은 "정비사업(시장·군수 또는 주택공사 등이 시행하는 정비사업을 제외한다)의 조합원은 토지 등 소유자(주택재건축사업과 가로주택정비사업의 경우에는 주택재건축사업과 가로주택정비사업에 각각 동의한 자만 해당한다)로 하되, 다음 각호의 어느 하나에 해당하는 때에는 그 수인을 대표하는 1인을 조합원으로 본다."라고 규정하면서, 제1호에서 '토지 또는 건축물의 소유권과 지상권이 수인의 공유에 속하는 때'를, 제2호에서 '수인의 토지 등 소유자가 1세대에 속하는 때(이 경우 동일한 세대별 주민등록표상에 등재되어 있지 아니한 배우자 및 미혼인 20세 미만의 직계비속은 1세대로 보며, 1세대로 구성된 수인의 토지 등 소유자가 조합설립인가 후 세대를 분리하여 동일한 세대에 속하지 아니하는 때에도 이혼 및 20세 이상 자녀의 분가를 제외하고는 1세대로 본다)'를, 제3호에서 '조합설립인가 후 1인의 토지 등 소유자로부터 토지 또는 건축물의 소유권이나 지상권을 양수하여 수인이 소유하게 된 때'를 규정하고 있다. 한편 구 도시정비법 제48조 제2항 제6호는 관리처분계획의 내용에 관하여, "1세대 또는 1인이 하나 이상의 주택 또는 토지를 소유한 경우 1주택을 공급하고, 같은 세대에 속하지 아니하는 2인 이상이 1주택 또는 1토지를 공유한 경우에는 1주택만 공급한다."라고 규정하고 있다.

구 도시정비법 제19조 및 제48조 제2항 제6호는 2009. 2. 6. 법률 제9444호로 개정되었다. 종래에는 '토지 또는 건축물의 소유권과 지상권이 수인의 공유에 속하는 때'에만 조합원의 자격을 제한하였으므로, 조합설립인가 후 세대분리나 토지 또는 건축물 소유권 등의 양수로 인해 조합원이 증가하여 정비사업의 사업성이 저하되는 등 기존 조합원의 재산권 보호에 미흡한 측면이 있었다. 이에 2009. 2. 6. 개정된 구 도시정비법 제19조 및 제48조 제2항 제6호는 일정한 경우 수인의 토지 등 소유자에게 1인의 조합원 지위만 부여함과 동시에 분양대상자격도 제한함으로써 투기세력 유입에 의한 정비사업의 사업성 저하를 방지하고 기존 조합원의 재산권을 보호하고 있다.

이와 같은 구 도시정비법의 규정 내용과 취지, 체계 등을 종합하여 보면, 주택재개발사업 조합설립인가 후 1인의 토지 등 소유자로부터 정비구역 안에 소재한 토지 또는 건축물의 소유권을 양수하여 수인이 소유하게 된 경우에는 원칙적으로 그 전원이 1인의 조합원으로서 1인의 분양대상자 지위를 가진다고 보아야 한다.

요약

주택재개발사업 조합설립인가 후 1인의 토지소유자로부터 정비구역 안에 소재한 토지 또는 건축물의 소유권을 양수하여 수인이 소유하게 된 경우에는 그 전원이 1인의 조합원으로서 1인의 분양대상자 지위를 가진다.

대법원 2023. 3. 16. 선고 2022두58599 판결

[사실관계]

피고(보건복지부장관)는 원고들이 운영하는 병원에서 약사가 미리 조제한 약을 비치하고 간호사가 약을 추가 조제한 후 환자에게 투여하여 약사법 제23조 제1항 본문, 제24조 제4항을 위반하였음에도 그 약제비 등을 요양급여비용으로 청구함으로써 부당한 방법으로 보험자 등에게 요양급여비용을 부담하게 하였다는 이유로, 2018. 6. 27. 원고들에 대하여 구 국민건강보험법 제98조 제1항 제1호에 따라 40일의 요양기관 업무정지 처분(이하 '이 사건 업무정지 처분'이라 한다)을 하였다. 원고들은 2018. 9. 20. 피고를 상대로 위 업무정지 처분의 취소를 구하는 소(이하 '이 사건 전소'라 한다)를 서울행정법원에 제기하였고, 위 법원은 2019. 12. 12. 원고들의 청구를 기각하는 판결(이하 '이 사건 선행판결'이라 한다)을 선고하였으며, 원고들은 이 사건 선행판결에 불복하여 서울고등법원에 항소하였다.

한편 피고는 원고들의 요청을 받아들여 위 항소심 계속 중인 2020. 1. 10. 구 국민건강보험법 제99조 제1항에 따라 이 사건 업무정지 처분을 과징금 496,574,000원의 부과처분(이하 '이 사건 과징금 부과처분'이라 한다)으로 직권 변경하였다. 이에 원고들은 2020. 3. 6. 대전지방법원에 이 사건 과징금 부과처분의 취소를 구하는 이 사건 소를 제기하였다. 원고는 2021. 11. 3. 이 사건 전소를 취하하였고 같은 날 피고가 원고들의 소 취하에 동의하여 이 사건 전소는 소 취하로 종결되었다.

원심은, 이 사건 소와 이 사건 전소의 당사자가 동일하고 이 사건 소가 이 사건 전소의 소송물을 선결적 법률관계 내지 전제로 하고 있으므로, 이 사건 소는 재소금지 원칙에 위반되어 부적법하다고 판단하였다.

[판결요지]

[1] 민사소송법 제267조 제2항의 규정 취지 / 후소가 전소의 소송물을 전제로 하거나 선결적 법률관계에 해당하는 경우, 전소와 '같은 소'로 보아 판결을 구할 수 없는지 여부(적극) 및 재소의 이익이 다른 경우 '같은 소'라 할 수 있는지 여부(소극) / 본안에 대한 종국판결이 있은 후 소를 취하하였으나 위 규정 취지에 반하지 않고 소를 제기할 필요가 있는 정당한 사정이 있는 경우, 다시 소를 제기할 수 있는지 여부(적극)

민사소송법 제267조 제2항은 "본안에 대한 종국판결이 있은 뒤에 소를 취하한 사람은 같은 소를 제기하지 못한다."라고 규정하고 있다. 이는 임의의 소취하로 그때까지 국가의 노력을 헛수고로 돌아가게 한 사람에 대한 제재의 취지에서 그가 다시 동일한 분쟁을 문제 삼아 소송제도를 남용하는 부당한 사태의 발생을 방지하고자 하는 규정이다. 따라서 후소가 전소의 소송물을 전제로 하거나 선결적 법률관계에 해당하는 것일 때에는 비록 소송물은 다르지만 위 제도의 취지와 목적에 비추어 전소와 '같은 소'로 보아 판결을 구할 수 없다고 풀이하는 것이 타당하다. 그러나 여기에서 '같은 소'는 반드시 기판력의 범위나 중복제소금지의 경우와 같이 풀이할 것은 아니므로, 재소의 이익이 다른 경우에는 '같은 소'라 할 수 없다.

또한 본안에 대한 종국판결이 있은 후 소를 취하한 사람이더라도 민사소송법 제267조 제2항의 취지에 반하지 아니하고 소를 제기할 필요가 있는 정당한 사정이 있다면 다시 소를 제기할 수 있다.

[2] 갑 등이 운영하는 병원에서 부당한 방법으로 보험자 등에게 요양급여비용을 부담하게 하였다는 이유로 보건복지부장관이 갑 등에 대하여 40일의 요양기관 업무정지 처분을 하자, 갑 등이 위 업무정지 처분의 취소를 구하는 소송을 제기하였다가 패소한 뒤 항소하였는데, 보건복지부장관이 항소심 계속 중 위 업무정지 처분을 과징금 부과처분으로 직권 변경하자, 갑 등이 과징금 부과처분의 취소를 구하는 소송을 제기한 후 업무정지 처분의 취소를 구하는 소를 취하한 사안에서, 위 과징금 부과처분의 취소를 구하는 소의 제기는 재소금지 원칙에 위반된다고 할 수 없음에도 이와 달리 본 원심판결에 법리오해의 잘못이 있다고 한 사례

갑 등이 운영하는 병원에서 부당한 방법으로 보험자 등에게 요양급여비용을 부담하게 하였다는 이유로 보건복지부장관이 갑 등에 대하여 구 국민건강보험법 제98조 제1항 제1호에 따라 40일의 요양기관 업무정지 처분을 하자, 갑 등이 위 업무정지 처분의 취소를 구하는 소송(전소)을 제기하였다가 패소한 뒤 항소하였는데, 보건복지부장관이 항소심 계속 중 같은 법 제99조 제1항에 따라 위 업무정지 처분을 과징금 부과처분으로 직권 변경하자, 갑 등이 과징금 부과처분의 취소를 구하는 소송(후소)을 제기한 후 업무정지 처분의 취소를 구하는 소를 취하한 사안에서, 전소는 처분의 변경으로 인해 효력이 소멸한 '업무정지 처분'의 취소를 구하는 것이고, 후소는 후행처분인 '과징금 부과처분'의 취소를 구하는 것이므로 전소와 후소의 소송물이 같다고 볼 수 없고, 전소의 소송물인 '업무정지 처분의 위법성'이 과징금 부과처분의 위법성을 소송물로 하는 후소와의 관계에서 항상 선결적 법률관계 또는 전제에 있다고 보기도 어려워, 결국 갑 등에게 업무정지 처분과는 별도로 과징금 부과처분의 위법성을 소송절차를 통하여 다툴 기회를 부여할 필요가 있으므로, 위 과징금 부과처분의 취소를 구하는 소의 제기는 재소금지 원칙에 위반된다고 할 수 없음에도 이와 달리 본 원심판결에 법리오해의 잘못이 있다고 한 사례.

요약

❶ 본안에 대한 종국판결이 있은 후 소를 취하한 사람이더라도 민사소송법 제267조 제2항의 취지에 반하지 아니하고 소를 제기할 필요가 있는 정당한 사정이 있다면 다시 소를 제기할 수 있다.

❷ 전소는 처분의 변경으로 인해 효력이 소멸한 '업무정지 처분'의 취소를 구하는 것이고, 후소는 후행처분인 '과징금 부과처분'의 취소를 구하는 것이므로 전소인 업무정지 처분의 취소를 구하는 소를 취하하였다 하더라도 과징금 부과처분의 취소를 구하는 소의 제기는 재소금지 원칙에 위반되지 않는다.

대법원 2023. 4. 13. 선고 2021다254799 판결

[사실관계]

원고들은 피고(대한법률구조공단) 소속 변호사들이다. 원고들은 2019. 4. 10. 16:00부터 17:00경까지 과천시 소재 정부과천종합청사 인근에서 이루어진 대한법률구조공단 정상화를 위한 노동자 대회(이하 '이 사건 집회'라 한다)에 참석하여 피고 이사장의 해임 또는 퇴진을 요구하는 구호를 제창하였다(이하 '제1징계사유'라 한다). 피고의 지부장인 원고들은 피고의 직원근무평정 규정의 개정에 반발하여 2019. 7. 10.로 정해진 2019년도 상반기 직원근무평정을 이행하지 않았다. 직원근무평정 기간은 2019. 7. 12.과 2019. 7. 16.로 두 차례 연기되었지만 원고들은 직원근무평정을 이행하지 않다가 2019. 7. 18. 피고 이사장 등과 면담으로 직원근무평정의 개선을 약속받은 이후 다시 한번 연장된 직원근무평정 기간인 2019. 7. 23.까지 직원근무평정 업무를 마쳤다(이하 '제2징계사유'라 한다).

피고 징계위원회는 위와 같은 사유에 대하여 원고들에게 불문경고의 징계의결을 하였다. 그 근거는 위와 같은 사유가 피고의 「소속 변호사의 인사 및 복무규칙」(이하 '이 사건 규칙'이라 한다) 제33조 제1호의 '정관 또는 제 규정에 의한 의무에 위반한 때'와 제2호의 '직무상의 의무를 위반하거나 직무를 태만한 때'에 해당한다는 것이다. 피고 이사장은 징계의결을 받아들여 2019. 8. 16. 원고들에게 불문경고 처분을 하였고, 원고들은 재심을 청구하였으나 2019. 11. 1. 기각되었다.

[판결요지]

[1] 국가공무원법 제66조 제1항의 적용 범위

공무원은 국민 전체에 대한 봉사자로서 국민에 대하여 책임을 지고, 공무원의 신분과 정치적 중립성은 법률이 정하는 바에 의하여 보장된다(헌법 제7조 제1항, 제2항). 국가공무원법은 공무원의 헌법상 지위를 구현하기 위한 법률로서 공무원의 임용과 승진, 보수, 훈련과 근무성적의 평정, 신분과 권익의 보장, 징계 등을 규정하면서 공무원으로서 각종 의무를 규정하고 있는데, 제66조 제1항에서는 노동운동과 그 밖에 공무 외의 일을 위한 집단 행위를 하지 않을 의무를 규정하고 있다. 이러한 헌법과 국가공무원법의 입법 내용과 취지를 고려하면 국가공무원법 제66조 제1항의 의무는 원칙적으로 헌법과 국가공무원법에서 규정하는 책임을 부담하고 이를 위해 신분과 지위가 보장됨을 전제로 국가공무원에게 지우는 의무이다. 따라서 위와 같은 정도의 책임과 신분 및 지위 보장을 받는 정도가 아닌 경우에는 일률적으로 국가공무원법 제66조 제1항이 적용된다고 할 수 없다. 국가공무원법 제66조 제1항이 "공무원은 노동운동이나 그 밖에 공무 외의 일을 위한 집단 행위를 하여서는 아니 된다. 다만 사실상 노무에 종사하는 공무원은 예외로 한다."라고 규정하면서 사실상 노무에 종사하는 공무원의 경우 위와 같은 의무를 부담하지 않도록 하여 국가공무원법 제66조 제1항의 의무를 모든 공무원이 일률적으로 부담하여야 하는 의무로 규정하지 않은 것도 같은 취지에서 이해할 수 있다.

[2] 대한법률구조공단의 임직원이 국가공무원법 제66조 제1항의 의무를 부담하는지 여부(소극)

대한법률구조공단(이하 '공단'이라 한다)은 경제적으로 어렵거나 법을 몰라서 법의 보호를 충분히 받지 못하는 사람에게 법률구조를 할 목적으로 설립된 특수목적법인으로 그 임직원의 직무에는 공공성, 공익성이 인정되고, 소속 변호사의 경우 특정직 공무원인 검사에 준하여 급여를 받기는 하나, 공단 임직원의 지위나 직무 성격을 헌법과 법률에서 보장하는 국가공무원과 같은 정도의 것으로 규정하고 있다고 보기 어렵고, 법률구조법 등에서 공단 임직원에게 국가공무원법 제66조 제1항을 직접 적용한다고 규정하고 있지도 않으므로, 공단 임직원이 국가공무원법 제66조 제1항의 의무를 부담한다고 볼 수는 없다. 따라서 법률구조법 제32조의 "공단의 임직원은 형법이나 그 밖의 법률에 따른 벌칙을 적용할 때에는 공무원으로 본다."라는 규정을 근거로 공단 임직원에게 국가공무원법 제84조의2, 제66조 제1항을 적용하는 것은 이들의 구체적인 법적 지위에 대한 고려 없이 이들에 대한 권리를 지나치게 제한하는 것으로서 부당하다.

요약

대한법률구조공단의 임직원은 국가공무원법 제66조 제1항의 노동운동금지의무를 부담한다고 볼 수는 없다.

대법원 2023. 6. 1. 선고 2019두41324 판결

[판결요지]

□ 갑이 외교부장관에게 '2015. 12. 28. 일본군위안부 피해자 합의와 관련하여 한일 외교장관 공동 발표문의 문안을 도출하기 위하여 진행한 협의 협상에서 일본군과 관헌에 의한 위안부 강제연행의 존부 및 사실인정 문제에 대해 협의한 협상 관련 외교부장관 생산 문서'에 대한 공개를 청구하였으나, 외교부장관이 갑에게 '공개 청구 정보가 공공기관의 정보공개에 관한 법률 제9조 제1항 제2호에 해당한다.'는 이유로 비공개 결정을 한 사안에서, 위 합의를 위한 협상 과정에서 일본군과 관헌에 의한 위안부 '강제연행'의 존부 및 사실인정 문제에 대해 협의한 정보를 공개하지 않은 처분이 적법하다고 본 원심판단이 정당하다고 한 사례

갑이 외교부장관에게 '2015. 12. 28. 일본군위안부 피해자 합의와 관련하여 한일 외교장관 공동 발표문의 문안을 도출하기 위하여 진행한 협의 협상에서 일본군과 관헌에 의한 위안부 강제연행의 존부 및 사실인정 문제에 대해 협의한 협상 관련 외교부장관 생산 문서'에 대한 공개를 청구하였으나, 외교부장관이 갑에게 '공개 청구 정보가 공공기관의 정보공개에 관한 법률 제9조 제1항 제2호에 해당한다.'는 이유로 비공개 결정을 한 사안에서, 12·28 일본군위안부 피해자 합의와 관련된 협의가 비공개로 진행되었고, 대한민국과 일본 모두 그 협의 관련 문서를 비공개문서로 분류하여 취급하고 있는데 우리나라가 그 협의 내용을 일방적으로 공개할 경우 우리나라와 일본 사이에 쌓아온 외교적 신뢰관계에 심각한 타격이 있을 수 있는 점, 이에 따라 향후 일본은 물론 다른 나라와 협상을 진행하는 데에도 큰 어려움이 발생할 수 있는 점, 12·28 일본군위안부 피해자 합의에 사용된 표현이 다소 추상적이고 모호하기는 하나 이는 협상 과정에서 양국이 나름의 숙고와 조율을 거쳐 채택된 표현으로서 그 정확한 의미에 대한 해석이 요구된다기보다 오히려 표현된 대로 이해하는 것이 적절한 점 등을 종합하여, 위 합의를 위한 협상 과정에서 일본군과 관헌에 의한 위안부 '강제연행'의 존부 및 사실인정 문제에 대해 협의한 정보를 공개하지 않은 처분이 적법하다고 본 원심판단이 정당하다고 한 사례.

요약

위안부 강제연행의 존부 및 사실인정 문제에 대해 협의한 협상 관련 외교부장관 생산 문서는 비공개 대상 정보에 해당한다.

대법원 2023. 6. 15. 선고 2021두55159 판결

[판결요지]

❏ 분할하는 회사의 분할 전 하도급거래 공정화에 관한 법률 위반행위를 이유로 신설회사에 대하여 같은 법 제25조 제1항에 따른 시정조치를 명할 수 있는지 여부(원칙적 소극)

회사 분할 시 특별한 규정이 없는 한 신설회사에 대하여 분할하는 회사의 분할 전 하도급거래 공정화에 관한 법률(이하 '하도급법'이라 한다) 위반행위를 이유로 하도급법 제25조 제1항에 따른 시정조치를 명하는 것은 허용되지 않는다. 구체적인 이유는 아래와 같다.

① 대법원은 2007. 11. 29. 선고 2006두18928 판결에서 법률 규정이 없는 이상 분할하는 회사의 분할 전 독점규제 및 공정거래에 관한 법률(이하 '공정거래법'이라 한다) 위반행위를 이유로 신설회사에 대하여 과징금을 부과하는 것은 허용되지 않는다고 판시하였다. 공정거래법에 따른 과징금 부과처분과 하도급법 제25조 제1항에 따른 시정조치명령 모두 해당 법 규정을 위반한 사업자를 처분 상대방으로 하는 점, 회사분할 전에 공정거래법 위반이나 하도급법 위반이 있는 경우 시정조치의 제재사유는 이미 발생하였고 신설회사로서는 제재사유를 제거할 수 있는 지위에 있지 않는 점(예를 들어 분할하는 회사가 목적물 등의 수령일부터 60일 이내에 하도급대금을 지급하지 않았다면 그 사실만으로 하도급법상 시정조치의 제재사유가 발생하고, 이후 신설회사가 이를 지급하였다고 하여 위 제재사유가 소멸하지는 않는다. 신설회사가 하도급대금 지급채무를 승계하였음에도 그로부터 일정 기한 내에 이를 지급하지 아니하는 경우 이것이 별도의 위반사실이 될 여지가 있을 뿐이다), 공정거래위원회는 사업자에게 하도급법 위반 제재사유가 있는 경우 시정조치 또는 과징금을 선택적으로 부과할 수 있고, 과징금 부과처분의 성격이 공정거래법상의 그것과 다르지 않은바, 제재사유 승계에 관한 특별한 규정이 없음에도 법 위반사유에 대한 처분의 선택에 따라 제재사유의 승계 여부가 달라지는 결과를 초래하는 것은 형평에 맞지 않은 점 등에 비추어 볼 때, 공정거래법상 과징금 부과처분에 관한 위 법리는 아래에서 보는 바와 같이 제재사유의 승계에 관하여 법률 규정을 두고 있지 않은 하도급법상 시정조치명령의 경우에도 그대로 적용되어야 한다.

② 현행 공정거래법은 분할하는 회사의 분할 전 공정거래법 위반행위를 이유로 신설회사에 과징금 부과 또는 시정조치를 할 수 있도록 규정을 신설하였다. 현행 하도급법은 과징금 부과처분에 관하여는 신설회사에 제재사유를 승계시키는 공정거래법 규정을 준용하고 있으나 시정조치에 관하여는 이러한 규정을 두고 있지 않다. 이와 같이 공정거래법과 하도급법이 회사분할 전 법 위반행위에 관하여 신설회사에 과징금 부과 또는 시정조치의 제재사유를 승계시킬 수 있는 경우를 따로 규정하고 있는 이상, 그와 같은 규정을 두고 있지 아니하는 사안, 즉 회사분할 전 법 위반행위에 관하여 신설회사에 시정조치의 제재사유가 승계되는지가 쟁점이 되는 사안에서는 이를 소극적으로 보는 것이 자연스럽다.

요약

신설회사에 대하여 분할하는 회사의 분할 전 위반행위를 이유로 시정조치를 명하는 것은 허용되지 않는다.

대법원 2023. 6. 29. 선고 2022두56586 판결

[판결요지]

☐ 주택재건축사업 조합설립인가 후 1세대에 속하는 수인의 토지 등 소유자로부터 각각 정비구역 안에 소재한 토지 또는 건축물 중 일부를 양수한 수인의 토지 등 소유자와 양도인들 사이에서는 그 전원을 대표하는 1인을 조합원으로 보아야 하는지 여부(원칙적 적극)

구 도시 및 주거환경정비법(2017. 2. 8. 법률 제14567호로 전부 개정되기 전의 것, 이하 '구 도시정비법'이라고 한다) 제19조 제1항은 '정비사업(시장·군수 또는 주택공사 등이 시행하는 정비사업을 제외한다)의 조합원은 토지 등 소유자(주택재건축사업의 경우에는 주택재건축사업에 동의한 자만 해당한다)로 하되, 다음 각호의 어느 하나에 해당하는 때에는 그 수인을 대표하는 1인을 조합원으로 본다.'고 규정하면서, 제1호에서 "토지 또는 건축물의 소유권과 지상권이 수인의 공유에 속하는 때"를, 제2호에서 "수인의 토지 등 소유자가 1세대에 속하는 때(이 경우 동일한 세대별 주민등록표상에 등재되어 있지 아니한 배우자 및 미혼인 20세 미만의 직계비속은 1세대로 보며, 1세대로 구성된 수인의 토지 등 소유자가 조합설립인가 후 세대를 분리하여 동일한 세대에 속하지 아니하는 때에도 이혼 및 20세 이상 자녀의 분가를 제외하고는 1세대로 본다)"를, 제3호에서 "조합설립인가 후 1인의 토지 등 소유자로부터 토지 또는 건축물의 소유권이나 지상권을 양수하여 수인이 소유하게 된 때"를 규정하고 있다.

구 도시정비법 제19조는 2009. 2. 6. 법률 제9444호로 개정되었다. 종래에는 "토지 또는 건축물의 소유권과 지상권이 수인의 공유에 속하는 때"에만 조합원의 자격을 제한하였으므로, 조합설립인가 후 세대분리나 토지 또는 건축물 소유권 등의 양수로 인해 조합원이 증가하여 정비사업의 사업성이 저하되는 등 기존 조합원의 재산권 보호에 미흡한 측면이 있었다. 이에 2009. 2. 6. 개정된 구 도시정비법 제19조는 일정한 경우 수인의 토지 등 소유자에게 1인의 조합원 지위만 부여함으로써 투기세력 유입에 의한 정비사업의 사업성 저하를 방지하고 기존 조합원의 재산권을 보호하고 있다.

이와 같은 구 도시정비법의 규정 내용과 취지, 체계 등을 종합하면, 주택재건축사업 조합설립인가 후 1세대에 속하는 수인의 토지 등 소유자로부터 각각 정비구역 안에 소재한 토지 또는 건축물 중 일부를 양수한 수인의 토지 등 소유자와 양도인들 사이에서는 구 도시정비법 제19조 제1항 제2호, 제3호가 중첩 적용되어 원칙적으로 그 전원을 대표하는 1인을 조합원으로 보아야 한다.

요약

주택재건축사업 조합설립인가 후 1세대에 속하는 수인의 토지소유자로부터 각각 정비구역 안에 소재한 토지 또는 건축물 중 일부를 양수한 수인의 토지소유자와 양도인들 사이에서는 그 전원을 대표하는 1인을 조합원으로 보아야 한다.

대법원 2023. 6. 29. 선고 2022두44262 판결

[사실관계]

원고(구미 사곡지구 도시개발사업조합)는 피고(구미시)를 상대로 도시개발법 제41조에 따라 원고가 피고에 대하여 부담하는 청산금채무가 3,534,050,553원을 초과하여 존재하지 않는다는 취지의 채무부존재확인 청구를 하였는데 제1심 계속 중 피고에게 청산금 명목으로 합계 3,957,827,600원을 지급한 이후, 원고는 2022. 4. 6. 원심에서 기존의 청구취지를 자신이 초과 지급한 423,777,047원 (= 원고가 제1심 계속 중 피고에게 지급한 합계 3,957,827,600원 - 원고가 정당한 청산금이라고 주장하는 3,534,050,553원) 및 이에 대한 지연손해금의 지급을 구하는 것으로 변경하겠다는 청구취지 및 청구원인 변경신청서를 제출하였다.

[판결요지]

☐ 청구의 기초가 바뀌지 않는 경우, 공법상 당사자소송에서 민사소송으로 소 변경이 허용되는지 여부(적극)

공법상 당사자소송의 소 변경에 관하여 행정소송법은, 공법상 당사자소송을 항고소송으로 변경하는 경우(행정소송법 제42조, 제21조) 또는 처분변경으로 인하여 소를 변경하는 경우(행정소송법 제44조 제1항, 제22조)에 관하여만 규정하고 있을 뿐, 공법상 당사자소송을 민사소송으로 변경할 수 있는지에 관하여 명문의 규정을 두고 있지 않다. 그러나 공법상 당사자소송에서 민사소송으로의 소 변경이 금지된다고 볼 수 없다. 이유는 다음과 같다.

① 행정소송법 제8조 제2항은 행정소송에 관하여 민사소송법을 준용하도록 하고 있으므로, 행정소송의 성질에 비추어 적절하지 않다고 인정되는 경우가 아닌 이상 공법상 당사자소송의 경우도 민사소송법 제262조에 따라 청구의 기초가 바뀌지 아니하는 한도 안에서 변론을 종결할 때까지 청구의 취지를 변경할 수 있다.

② 한편 대법원은 여러 차례에 걸쳐 행정소송법상 항고소송으로 제기해야 할 사건을 민사소송으로 잘못 제기한 경우 수소법원으로서는 원고로 하여금 항고소송으로 소 변경을 하도록 석명권을 행사하여 행정소송법이 정하는 절차에 따라 심리·판단해야 한다고 판시해 왔다. 이처럼 민사소송에서 항고소송으로의 소 변경이 허용되는 이상, 공법상 당사자소송과 민사소송이 서로 다른 소송절차에 해당한다는 이유만으로 청구기초의 동일성이 없다고 해석하여 양자 간의 소 변경을 허용하지 않을 이유가 없다.

③ 일반 국민으로서는 공법상 당사자소송의 대상과 민사소송의 대상을 구분하기가 쉽지 않고 소송 진행 도중의 사정변경 등으로 인해 공법상 당사자소송으로 제기된 소를 민사소송으로 변경할 필요가 발생하는 경우도 있다. 소 변경 필요성이 인정됨에도, 단지 소 변경에 따라 소송절차가 달라진다는 이유만으로 이미 제기한 소를 취하하고 새로 민사상의 소를 제기하도록 하는 것은 당사자의 권리 구제나 소송경제의 측면에서도 바람직하지 않다.

따라서 공법상 당사자소송에 대하여도 청구의 기초가 바뀌지 아니하는 한도 안에서 민사소송으로 소 변경이 가능하다고 해석하는 것이 타당하다.

> **요약**
> 청구의 기초가 바뀌지 않는 한, 당사자소송을 민사소송으로 변경할 수 있다.

★ 대법원 2023. 6. 29. 선고 2020두46073 판결

[사실관계]

원고는 국내에서 사업자등록을 하여 사업을 영위하던 중 1995. 8. 3. 출국하였다. 한편 서초세무서장은 원고에게 1996. 6. 15. 종합소득세 4,282,070원, 1997. 6. 14. 증권거래세 412,500원, 1997. 11. 6. 양도소득세 9,102,900원, 2000. 2. 2. 종합소득세 80,614,340원, 2000. 2. 2. 종합소득세 721,753,630원을 부과하였고, 서울특별시 서초구청장은 1998. 4. 1. 주민세 1,092,340원, 2000. 5. 10. 주민세 54,131,520원, 2000. 6. 10. 주민세 7,255,280원을 각각 부과하였다(이하 '이 사건 각 처분'이라 한다).

원고는 2018년에 와서야 피고들이 이 사건 각 처분을 함에 있어 원고에게 납세고지서를 송달하지 않았고, 공시송달에 관한 자료도 존재하지 않는다는 이유로 이 사건 각 처분에 대한 무효확인소송을 제기하였다.

[판결요지]

[1] 항고소송에서 처분의 적법성에 대한 증명책임의 소재(=피고) / 행정처분의 무효 확인을 구하는 행정소송에서 행정처분의 무효 사유에 대한 증명책임의 소재(=원고) 및 이는 무효 확인을 구하는 뜻에서 행정처분의 취소를 구하는 소송에 있어서도 마찬가지인지 여부(적극) / 행정처분의 무효 확인을 구하는 소에서 해당 행정처분의 취소를 구할 수 있는 경우, 무효사유가 증명되지 아니한 때에 법원은 취소사유에 해당하는 위법이 있는지도 심리하여야 하는지 여부(적극) / 조세행정소송에서 위법사유로 무엇을 주장하는지 또는 무효사유의 주장에 취소사유를 주장하는 취지가 포함되어 있는지에 따라 증명책임이 분배되는지 여부(적극)

민사소송법이 준용되는 행정소송에서 증명책임은 원칙적으로 민사소송의 일반원칙에 따라 당사자 간에 분배되고, 항고소송은 그 특성에 따라 해당 처분의 적법성을 주장하는 피고에게 적법사유에 대한 증명책임이 있으나, 예외적으로 행정처분의 당연무효를 주장하여 무효 확인을 구하는 행정소송에서는 원고에게 행정처분이 무효인 사유를 주장·증명할 책임이 있고, 이는 무효 확인을 구하는 뜻에서 행정처분의 취소를 구하는 소송에 있어서도 마찬가지이다.

한편 행정처분의 무효 확인을 구하는 소에는 특단의 사정이 없는 한 취소를 구하는 취지도 포함되어 있다고 보아야 하므로, 해당 행정처분의 취소를 구할 수 있는 경우라면 무효사유가 증명되지 아니한 때에 법원으로서는 취소사유에 해당하는 위법이 있는지 여부까지 심리하여야 한다. 나아가 과세처분에 대한 취소소송과 무효확인소송은 모두 소송물이 객관적인 조세채무의 존부확인으로 동일하다. 결국 과세처분의 위법을 다투는 조세행정소송의 형식이 취소소송인지 아니면 무효확인소송인지에 따라 증명책임이 달리 분배되는 것이라기보다는 위법사유로 취소사유와 무효사유 중 무엇을 주장하는지 또는 무효사유의 주장에 취소사유를 주장하는 취지가 포함되어 있는지 여부에 따라 증명책임이 분배된다.

[2] 과세관청은 소송 중이라도 사실심 변론종결 시까지 처분의 동일성이 유지되는 범위 내에서 처분사유를 교환·변경할 수 있는지 여부(적극) / 구 법인세법 제32조 제5항에 대한 헌법재판소의 위헌결정으로 과세단위가 단일한 종합소득세의 세목 아래에서 같은 금액의 소득이 현실적으로 귀속되었음을 이유로 과세근거 규정을 달리 주장하는 것이 처분의 동일성이 유지되는 범위 내의 처분사유의 교환·변경에 해당하는지 여

부(적극) / 무효확인소송에서 원고가 당초의 처분사유에 대하여 무효사유를 증명한 경우, 과세관청이 교환·변경된 처분사유를 근거로 하는 처분의 적법성에 대한 증명책임을 부담하는지 여부(적극)

과세처분의 무효확인소송에서 소송물은 객관적인 조세채무의 존부확인이므로, 과세관청은 소송 중이라도 사실심 변론종결 시까지 해당 처분에서 인정한 과세표준 또는 세액의 정당성을 뒷받침하기 위하여 처분의 동일성이 유지되는 범위 내에서 처분사유를 교환·변경할 수 있다.

특히 구 법인세법 제32조 제5항에 따라 법인세 과세표준을 경정하면서 익금에 산입한 금액을 그 귀속자에게 소득 처분하였음을 이유로 그 의제소득에 대하여 종합소득세를 부과하는 처분에 관하여, 구 법인세법 제32조 제5항에 대한 헌법재판소의 위헌결정(헌법재판소 1995. 11. 30. 선고 93헌바32 전원재판부 결정 등)이 있었음을 이유로 처분사유를 교환·변경하면서, 과세단위가 단일한 종합소득세의 세목 아래에서 같은 금액의 소득이 현실적으로 귀속되었음을 이유로 들어 과세근거 규정을 달리 주장하는 것은 처분의 동일성이 유지되는 범위 내의 처분사유의 교환·변경에 해당하므로 허용된다.

그런데 과세처분의 적법성에 대한 증명책임은 과세관청에 있는바, 위와 같이 교환·변경된 사유를 근거로 하는 처분의 적법성 또는 그러한 처분사유의 전제가 되는 사실관계에 관한 증명책임 역시 과세관청에 있고, 특히 무효확인소송에서 원고가 당초의 처분사유에 대하여 무효사유를 증명한 경우에는 과세관청이 그처럼 교환·변경된 처분사유를 근거로 하는 처분의 적법성에 대한 증명책임을 부담한다.

요약

❶ 무효확인소송에서는 원고에게 행정처분이 무효인 사유를 주장·증명할 책임이 있고, 이는 무효확인적 의미의 취소소송에 있어서도 마찬가지이다.

❷ 과세근거 규정을 달리 주장하는 것은 처분의 동일성이 유지되는 범위 내의 처분사유의 교환·변경에 해당하므로 허용된다.

❸ 교환·변경된 사유를 근거로 하는 처분의 적법성 또는 그러한 처분사유의 전제가 되는 사실관계에 관한 증명책임 역시 과세관청에 있다.

★ 대법원 2023. 6. 29. 선고 2023다205968 판결

[사실관계]

원고(삼성화재)는 소외 1과 사이에 그 소유의 맥스크루즈 차량(이하 '원고 차량'이라 한다)에 관하여 자동차종합보험계약을 체결한 보험자이다. 소외 2는 2020. 8. 26. 21:30경 혈중알코올농도 0.193%의 술에 취한 상태에서 원고 차량을 운전하여 포천시에 있는 영로대교 다리 편도 1차로를 시속 125㎞로 진행하던 중 선행하던 주한미군 소속 운전병이 운전하는 M1046 궤도장갑차(이하 '이 사건 차량'이라 한다) 좌측 뒷부분을 원고 차량의 우측 앞부분으로 충격하였다(이하 '이 사건 사고'라 한다). 이 사건 사고로 인하여 원고 차량 운전자 소외 2와 동승자 소외 1, 소외 3, 소외 4가 모두 사망하였다. 원고는 소외 3에 대한 손해배상금으로 150,248,940원, 소외 4에 대한 손해배상금으로 98,237,540원을 각 지급하였다.

이 사건 사고는 야간에 발생하였는데, 이 사건 차량의 후미등은 왼쪽에만 설치되어 있을 뿐 아니라 작고 불빛이 약하여 운전자들이 차량의 후미등으로 인식하기 어려웠던 상태였고, 주한미군 규정(385-11호)은 궤도차량이 공공도로를 이동하는 동안 호송차량에 의해 호송(escort)되도록 정하고 있음에도 이 사건 차량은 이 사건 사고 당시 도로를 이동하면서 호송차량을 동반하지 아니하였다.

[판결요지]

☐ '대한민국과 아메리카합중국 간의 상호방위조약 제4조에 의한 시설과 구역 및 대한민국에서의 합중국 군대의 지위에 관한 협정' 제23조 제5항 및 '대한민국과 아메리카합중국 간의 상호방위조약 제4조에 의한 시설과 구역 및 대한민국에서의 합중국 군대의 지위에 관한 협정의 시행에 관한 민사특별법' 제2조에 따라 국가배상법이 적용되는 경우, 미합중국 군대의 공용 차량에 대하여 국가배상법 제2조 제1항 본문 후단의 자동차손해배상 보장법에 따른 손해배상책임 규정이 적용되는지 여부(소극)

'대한민국과 아메리카합중국 간의 상호방위조약 제4조에 의한 시설과 구역 및 대한민국에서의 합중국 군대의 지위에 관한 협정'(이하 'SOFA'라 한다) 제23조 제5항은 공무집행 중인 미합중국 군대의 구성원이나 고용원의 작위나 부작위 또는 미합중국 군대가 법률상 책임을 지는 기타의 작위나 부작위 또는 사고로서 대한민국 안에서 대한민국 정부 이외의 제3자에게 손해를 가한 것으로부터 발생하는 청구권은 대한민국이 이를 처리하도록 규정하고 있으므로 위 청구권의 실현을 위한 소송은 대한민국을 상대로 제기하는 것이 원칙이고, 이에 따른 대한민국에 대한 청구권에 대해서는 '대한민국과 아메리카합중국 간의 상호방위조약 제4조에 의한 시설과 구역 및 대한민국에서의 합중국 군대의 지위에 관한 협정의 시행에 관한 민사특별법'(이하 '주한미군민사법'이라 한다) 제2조에 따라 국가배상법이 적용된다.

국가배상법 제2조 제1항 본문은, 전단에서 국가나 지방자치단체는 공무원 또는 공무를 위탁받은 사인이 직무를 집행하면서 고의 또는 과실로 법령을 위반하여 타인에게 손해를 입힌 경우를 규정하는 것 외에 후단에서 자동차손해배상 보장법(이하 '자동차손배법'이라 한다)에 따라 손해배상의 책임이 있을 때에도 이 법에 따라 그 손해를 배상하여야 한다고 규정하고 있는데, SOFA 제23조 제5항 (가)호, 제24조 및 자동차관리법 제2조 제1호, 제70조 및 같은 법 시행령 제2조 제3호 등 관계 규정을 종합하면, SOFA 제23조 제5항 및 주한미군민사법 제2조에 따라 국가배상법이 적용될 경우 미합중국 군대의 공용 차량에 대해서는 국가배상법 제2조 제1항 본문 후단의 자동차손배법에 따른 손해배상책임 규정은 적용되지 않고, 국가배상법 제2조 제1항 본문 전단에 따른 손해배상책임 규정만 적용된다. 그 이유는 다음과 같다.

① 자동차손배법은 자동차관리법의 적용을 받는 자동차와 건설기계관리법의 적용을 받는 건설기계 중 대통령령으로 정하는 것에 적용된다(자동차손배법 제2조 제1호). 그런데 SOFA 제24조는 '합중국 군대의 구성원, 군속 또는 그들의 가족의 사용 차량'에 대해서는 대한민국 정부가 면허하고 등록한다고 정하고 있으나(제3항) '합중국 군대 및 군속의 공용 차량'에 대해서는 명확한 번호표 또는 이를 용이하게 식별할 수 있는 개별적인 기호를 붙여야 한다.'고 규정하고 있을 뿐이고(제2항), 자동차관리법 역시 제70조 제2호에서 대한민국 주재 '미합중국 군대의 구성원·군무원 또는 그들의 가족이 사적 용도로 사용하는 자동차'에 대해서 특례를 규정하고 있을 뿐 미합중국 군대의 공용 차량에 대해서는 규정을 두고 있지 않다.

② 주한미군의 공무집행상 행위로 인한 손해배상청구권은 대한민국 군대의 행동으로부터 발생하는 청구권에 관한 대한민국의 법령에 따라 제기하고 심사하여 해결하거나 재판하도록 되어 있다[SOFA 제23조 제5항 (가)호]. 그런데 대한민국의 '군수품관리법'에 따른 차량은 자동차관리법 적용제외 대상이므로(자동차관리법 제2조 제1호, 같은 법 시행령 제2조 제3호) 대한민국 군대 소속 차량에 대해서는 자동차손배법이 적용되지 않는다.

> **요약**
>
> 미합중국 군대의 공용 차량에 대해서는 국가배상법 제2조 제1항 본문 후단의 자동차손배법에 따른 손해배상책임 규정은 적용되지 않고, 국가배상법 제2조 제1항 본문 전단에 따른 손해배상책임 규정만 적용된다.

대법원 2023. 7. 13. 선고 2022추5149 판결

[사실관계]

피고(경상남도의회)는 2022. 3. 25. '경상남도 업무협약 체결 및 관리에 관한 조례안'(이하 '이 사건 조례안'이라고 한다)을 의결하여 원고(경상남도지사)에게 이송하였다. 원고는 2022. 4. 14. 이 사건 조례안 제6조 제1항이 법률유보원칙, 법률우위원칙에 위반된다는 등의 이유로 피고에게 재의를 요구하였으나, 피고는 2022. 4. 27. 이 사건 조례안을 원안대로 재의결함으로써 이를 확정하였다.

[판결요지]

☐ 경상남도지사가 '경상남도 업무협약 체결 및 관리에 관한 조례안' 중 도의회가 지방자치법 제48조, 제49조에 따라 자료를 요구할 경우 도지사는 업무협약에 비밀조항을 둔 경우라도 이를 거부할 수 없도록 규정한 제6조 제1항이 법률유보원칙 등에 위반된다며 재의를 요구하였으나 도의회가 원안대로 재의결함으로써 이를 확정한 사안에서, 조례안 제6조 제1항은 공무원의 비밀유지의무를 규정한 지방공무원법 제52조, 공공기관의 정보공개에 관한 법률 제9조 제1항 제7호, 사회기반시설에 대한 민간투자법 제51조의3 제1항 등에 위반된다고 한 사례

경상남도지사가 '경상남도 업무협약 체결 및 관리에 관한 조례안' 중 도의회가 지방자치법 제48조, 제49조에 따라 자료를 요구할 경우 도지사는 업무협약에 비밀조항을 둔 경우라도 이를 거부할 수 없도록 규정한 제6조 제1항이 법률유보원칙 등에 위반된다며 재의를 요구하였으나 도의회가 원안대로 재의결함으로써 이를 확정한 사안에서, 지방자치단체의 장이 지방의회의 요구에 따라 지방의회에 제출할 자료 중에 직무상 알게 된 비밀이 포함된 경우, 위 조례안 제6조 제1항에 따르면 지방자치단체의 장이 이를 지방의회에 제출하여야 하는 반면, 지방공무원법 제52조 등에 따르면 지방자치단체의 장이 지방의회의 제출요구를 거부함으로써 직무상 알게 된 비밀을 엄수해야 한다는 측면에서 위 조례안 제6조 제1항이 지방공무원법 제52조 등과 충돌한다고 볼 여지가 큰 점, 공공기관의 정보공개에 관한 법률은 법인 등의 경영상·영업상 비밀에 관한 사항으로서 공개될 경우 법인 등의 정당한 이익을 현저히 해칠 우려가 있다고 인정되는 정보를 비공개 대상 정보로 규정하고(제9조 제1항 제7호), 사회기반시설에 대한 민간투자법 역시 사업시행자의 경영상·영업상 비밀에 해당하는 정보는 비공개하도록 규정하여 사업시행자의 정당한 이익을 보호하는 범위 내에서 정보공개를 의무화하고 있는데(제51조의3 제1항), 위 조례안 제6조 제1항은 서류제출 요구에 응할 경우 기업의 자유 등이 침해될 수 있다는 점에 대한 어떠한 고려도 없이 도지사에게 도의회의 서류제출 요구에 응하도록 하고 있어 기본권에 의한 한계를 규정하고 있는 위 법률조항들과도 충돌하는 점 등을 종합하면, 위 조례안 제6조 제1항은 공무원의 비밀유지의무를 규정한 지방공무원법 제52조, 공공기관의 정보공개에 관한 법률 제9조 제1항 제7호, 사회기반시설에 대한 민간투자법 제51조의3 제1항 등에 위반되므로 조례안에 대한 재의결은 효력이 없다고 한 사례.

요약

도지사가 재의요구한 조례안을 도의회가 재의결해도 관련법률에 위반한 경우, 조례안에 대한 도의회의 재의결은 효력이 없다.

대법원 2023. 7. 27. 선고 2022두52980 판결[1]

[사실관계]

원고는 2019. 4. 10. 피고에게 정보공개를 청구하였고, 피고(한국토지주택공사)는 2019. 4. 17. 원고의 정보공개 청구에 대하여 「공공기관의 정보공개에 관한 법률」(이하 '정보공개법'이라고 한다) 제9조 제1항 제5호, 제7호의 비공개정보에 해당한다는 이유로 비공개 결정(이하 '이 사건 처분'이라고 한다)을 하였다.

원고는 2019. 4. 22. 이 사건 처분을 통지받고, 이 사건 처분에 불복하여 2019. 4. 25. 피고에게 이의신청(이하 '이 사건 이의신청'이라고 한다)을 하였고, 피고는 2019. 5. 2. 이 사건 이의신청은 이 사건 처분 당시 이미 정보공개심의회의 심의를 거친 사항이라는 이유로 정보공개법 제18조 제2항 제1호에 따라 이 사건 이의신청을 각하하는 결정을 하였고, 같은 날 이 사건 이의신청에 대한 결과가 원고에게 통지되었다.

원고는 2019. 7. 26. 이 사건 처분의 취소를 구하는 이 사건 소를 제기하였다.

[판결요지]

☐ 청구인이 공공기관의 비공개 결정 또는 부분 공개 결정에 대한 이의신청을 하여 공공기관으로부터 이의신청에 대한 결과를 통지받은 후 취소소송을 제기하는 경우, 제소기간의 기산점(=이의신청에 대한 결과를 통지받은 날)

공공기관의 정보공개에 관한 법률 제18조 제1항, 제3항, 제4항, 제20조 제1항, 행정소송법 제20조 제1항의 규정 내용과 그 취지 등을 종합하여 보면, 청구인이 공공기관의 비공개 결정 또는 부분 공개 결정에 대한 이의신청을 하여 공공기관으로부터 이의신청에 대한 결과를 통지받은 후 취소소송을 제기하는 경우 그 제소기간은 이의신청에 대한 결과를 통지받은 날부터 기산한다고 봄이 타당하다.

> **요약**
>
> 행정청에 적법한 이의신청을 한 뒤 행정소송을 진행할 경우 행정소송의 제소기간 기산점은 이의신청에 대한 결과를 통지받은 날이다.

---

[1] 이 사건의 대법원 판결은 행정기본법 제36조가 시행된 이후에 나왔지만, 이 사건 처분이 나왔던 당시에는 행정기본법 제36조가 시행되기 전이므로 행정기본법 제36조 제4항(이의신청에 대한 결과를 통지받은 날부터 취소소송의 제소기간을 진행)이 적용되지 않았습니다.

대법원 2023. 8. 18. 선고 2021두41495 판결

[사실관계]

원고(주식회사 선진중공업)는 순천시 ○○산업단지에 입주한 16개의 다른 사업장과 함께 사업주단체를 구성하여 직장어린이집을 설치·운영하기로 하고, 대표사업주로서 2014. 11. 26. 피고(근로복지공단)에게 구 「직장어린이집 등 설치·운영 규정」(2020. 7. 8. 고용노동부예규 제173호로 개정되기 전의 것, 아래에서는 '이 사건 규정'이라고 한다) 제26조 제2호, 제27조 등에 따라 시설설치비 지원금(시설건립비와 교재교구비)을 신청하였다.

피고는 2014. 12. 18. 원고를 직장어린이집 설치비 지원대상자로 결정하였다(지원비율 90%). 피고가 위 지원대상자 결정 당시 원고에게 교부한 지원대상자 결정통지서에는 '지원조건'과 '지원기간 중 지켜야 할 사항'으로 '시설 설치일로부터 5년간(산업단지형 및 중소기업 컨소시엄형은 7년간) 지원목적에 위배되는 용도에 사용하거나 매매·양도·대여·담보제공을 할 수 없습니다.'라는 기재가 있고, '지원결정 취소의 경우에 대한 설명'으로 '지원기간 동안 지원목적에 위배되는 용도에 지원금을 사용하거나 지원받은 시설을 매매·양도·대여·담보로 제공하는 경우 등'이라는 내용도 기재되어 있다. 원고는 피고로부터 받은 시설설치비 지원금(이하 '이 사건 지원금'이라고 한다) 등으로 이 사건 직장어린이집을 건축하여 2016. 3. 7.부터 운영하였다.

한편 이 사건 직장어린이집 건물은 원고의 채권자가 신청한 강제경매절차에서 2019. 6. 5. 매각되었다. 위 사실을 확인한 피고는 2019. 6. 21. 원고에게 '채권관리 기간 내에 직장어린이집을 매매하였다.'는 이유로 이 사건 규정 제36조에 따라 직장어린이집 설치비 지원결정을 취소하기 위한 처분 사전통지를 하였다. 그 후 피고는 2019. 7. 15. 원고에게 시설설치비 지원결정을 취소하고 이 사건 지원금인 시설건립비 920,560,000원과 교재교구비 35,000,000원 합계 955,560,000원을 반환하라는 이 사건 처분을 하였다.

[판결요지]

[1] 특정 사안과 관련하여 법령에서 위임을 한 경우, 위임의 한계를 준수하고 있는지 판단하는 기준

특정 사안과 관련하여 법령에서 위임을 한 경우 위임의 한계를 준수하고 있는지를 판단할 때는 당해 법령 규정의 입법 목적과 규정 내용, 규정의 체계, 다른 규정과의 관계 등을 종합적으로 살펴야 하고, 수권 규정에서 사용하고 있는 용어의 의미를 넘어 그 범위를 확장하거나 축소하여 위임 내용을 구체화하는 단계를 벗어나 새로운 입법을 하였는지 등도 아울러 고려해야 한다.

[2] 구 직장어린이집 등 설치·운영 규정 제36조 제1항 제3호 및 [별표 3]이 고용보험법 제26조, 고용보험법 시행령 제38조 제5항의 위임범위 내에 있는지 여부(적극)

구 직장어린이집 등 설치·운영 규정(2020. 7. 8. 고용노동부예규 제173호로 개정되기 전의 것) 제36조 제1항 제3호 및 [별표 3]은 고용보험법 제26조, 고용보험법 시행령 제38조 제5항의 위임범위 내에 있다고 보는 것이 타당하다. 이유는 다음과 같다.

① 보조금 교부는 수익적 행정행위로서 교부대상의 선정과 취소, 그 기준과 범위 등에 관하여 교

부기관에 상당히 폭넓은 재량이 부여되어 있다. 또한 보조금 지출을 건전하고 효율적으로 운용하기 위해서는, 보조금 교부기관이 보조금 지급목적에 맞게 보조사업이 진행되는지 또는 보조사업의 성공가능성이 있는지에 관하여 사후적으로 감독하여 경우에 따라 교부결정을 취소하고 보조금을 반환받을 필요도 있다. 그리고 법령의 위임에 따라 교부기관이 보조금의 교부 및 사후 감독 등에 관한 업무를 수행할 수 있는 이상, 그 교부결정을 취소하고 보조금을 반환받는 업무도 교부기관의 업무에 포함된다.

② 직장어린이집 설치비용 지원에 관하여 필요한 사항을 고용노동부장관에게 위임하고 있는 고용보험법 제26조, 고용보험법 시행령 제38조 제5항의 문언에 의하더라도, 사후 감독에 따른 '지원결정 취소 및 지원금 반환'과 관련한 사항을 위임범위에 포함되는 것으로 본다고 하여 위 시행령 문언의 통상적인 의미에 따른 위임의 한계를 벗어난 것으로 단정할 수 없다.

③ 나아가 고용보험기금의 건전성 확보를 위하여 고용보험기금을 지출할 수 있는 경우를 제한적으로 정한 고용보험법 제80조 제1항과 고용노동부장관이 피보험자 등의 고용안정·고용촉진 및 사업주의 인력 확보를 지원하기 위하여 어린이집 등 시설을 설치·운영하는 자에게 지원을 하는데 필요한 사항을 대통령령에 위임한 고용보험법 제26조, 고용노동부장관이 '직장어린이집 설치비용의 지원 및 지원금의 관리·운용에 관한 권한'을 근로복지공단에 위탁하는 것으로 규정한 고용보험법 시행령 제145조 제2항 제10호의 규정 내용에 비추어 보면, 고용보험법 시행령 제38조 제5항이 정한 위임범위에는, 지원금 지출을 건전하고 효율적으로 운용하기 위하여 필요한 사항으로서 설치비용을 지원받은 직장어린이집의 '관리'를 위해 사후적으로 감독하여 일정한 경우 지원결정을 취소하고 그 지원금을 반환받는 업무도 포함된다고 보는 것이 위임의 취지에 부합한다.

④ 국고보조금에 관한 일반법인 '보조금 관리에 관한 법'(이하 '보조금법'이라 한다)의 관련 규정 형식, 문언과 체계 역시 이러한 결론을 뒷받침한다. 보조금법은 보조금 예산의 적정한 관리를 도모함을 목적으로 보조금의 '교부 신청, 교부 결정 및 사용 등'에 관한 기본적인 사항을 규정한다고 하면서(제1조), 보조금의 교부 신청과 교부 결정(제3장) 이외에도 보조사업의 수행(제4장), 보조금의 반환 및 제재(제5장)를 내용으로 한다. 이러한 보조금법의 내용 및 체계에 비추어 보면, 보조금법 제1조의 '교부 신청, 교부 결정 및 사용 등'은 보조금 지원에 필요한 사항으로, 여기에는 보조사업의 수행 및 보조금의 반환에 관한 사항을 당연히 포함한다. 고용보험법 제26조, 고용보험법 시행령 제38조 제5항의 위임범위 해석에서도 이와 달리 볼 이유가 없다.

> **요약**
>
> ❶ 보조금 교부는 수익적 행정행위로서 교부기관에게 폭넓은 재량이 부여되어 있으며, 법령의 위임에 따라 교부기관이 보조금의 교부 및 사후 감독 등의 업무를 수행할 수 있다면, 해당 교부결정을 취소할 수도 있으며, 보조금을 반환받는 것도 교부기관의 업무에 해당한다.
>
> ❷ 보조금법의 내용 및 체계에 의한다면, 보조금법 제1조의 규정은 보조사업의 수행 및 보조금의 반환에 관한 사항도 포함한다.

★ 대법원 2023. 9. 21. 선고 2022두31143 판결

[판결요지]

[1] 국토의 계획 및 이용에 관한 법률 제56조 제4항 제3호, 국토의 계획 및 이용에 관한 법률 시행령 제53조 제3호 (다)목에 따라 개발행위허가가 면제되는 토지형질변경의 의미 및 여기에 건축물의 건축을 위해 별도의 절토, 성토, 정지작업 등이 필요한 경우가 포함되는지 여부(소극)

국토의 계획 및 이용에 관한 법률 제56조 제1항 제2호, 제4항 제3호, 국토의 계획 및 이용에 관한 법률 시행령 제53조 제3호 (다)목에 따라 개발행위허가가 면제되는 토지형질변경이란, 토지의 형질을 외형상으로 사실상 변경시킴이 없이 건축 부분에 대한 허가만을 받아 그 설치를 위한 토지의 굴착만으로 건설이 가능한 경우를 가리키고, 그 외형을 유지하면서는 원하는 건축물을 건축할 수 없고 그 밖에 건축을 위하여 별도의 절토, 성토, 정지작업 등이 필요한 경우는 포함되지 않는다.

[2] 조성이 완료된 기존 대지에 건축물을 설치하기 위하여 절토나 성토를 한 결과 최종적으로 지반의 높이가 50cm를 초과하여 변경되는 경우, 토지형질변경에 대한 별도의 개발행위허가를 받아야 하는지 여부(적극)

국토의 계획 및 이용에 관한 법률 제56조 제1항 제2호, 제4항 제3호, 제58조 제3항, 국토의 계획 및 이용에 관한 법률 시행령(이하 '국토계획법 시행령'이라 한다) 제53조 제3호 (가)목, (다)목, 제56조 제1항 [별표 1의2] 제2호 (가)목, (나)목의 규정을 종합해 볼 때, 조성이 완료된 기존 대지에 건축물을 설치하기 위한 경우라 하더라도 절토나 성토를 한 결과 최종적으로 지반의 높이가 50cm를 초과하여 변경되는 경우에는 비탈면 또는 절개면이 발생하는 등 그 토지의 외형이 실질적으로 변경되므로, 토지형질변경에 대한 별도의 개발행위허가를 받아야 하고, 그 절토 및 성토가 단순히 건축물을 설치하기 위한 토지의 형질변경이라는 이유만으로 국토계획법 시행령 제53조 제3호 (다)목에 따라 개발행위허가를 받지 않아도 되는 경미한 행위라고 볼 수 없다.

[3] 어떤 개발사업의 시행과 관련하여 인허가의 근거 법령에서 절차간소화를 위하여 관련 인허가를 의제 처리할 수 있는 근거 규정을 둔 경우, 사업시행자가 인허가를 신청하면서 반드시 관련 인허가 의제 처리를 신청할 의무가 있는지 여부(소극)

건축법 제14조 제2항, 제11조 제5항 제3호에 따르면, 건축신고 수리처분이 이루어지는 경우 국토의 계획 및 이용에 관한 법률 제56조에 따른 개발행위(토지형질변경)의 허가가 있는 것으로 본다. 이처럼 어떤 개발사업의 시행과 관련하여 여러 개별 법령에서 각각 고유한 목적과 취지를 가지고 그 요건과 효과를 달리하는 인허가 제도를 각각 규정하고 있다면, 그 개발사업을 시행하기 위해서는 개별 법령에 따른 여러 인허가 절차를 각각 거치는 것이 원칙이다. 다만 어떤 인허가의 근거 법령에서 절차간소화를 위하여 관련 인허가를 의제 처리할 수 있는 근거 규정을 둔 경우에는, 사업시행자가 인허가를 신청하면서 하나의 절차 내에서 관련 인허가를 의제 처리해 줄 것을 신청할 수 있다. 관련 인허가 의제 제도는 사업시행자의 이익을 위하여 만들어진 것이므로, 사업시행자가 반드시 관련 인허가 의제 처리를 신청할 의무가 있는 것은 아니다.

[4] 건축물의 건축이 허용되기 위한 요건인 '부지 확보'의 의미 / 건축신고 수리처분 당시 건축주가 장래에도 토지형질변경허가를 받지 않거나 받지 못할 것이 명백하였음에도 '부지 확보' 요건을 완비하지 못한 상태에서 건축신고 수리처분이 이루어진 경우, 건축신고 수리처분이 적법한지 여부(소극)

건축물의 건축은 건축주가 그 부지를 적법하게 확보한 경우에만 허용될 수 있다. 여기에서 '부지 확보'란 건축주가 건축물을 건축할 토지의 소유권이나 그 밖의 사용권원을 확보하여야 한다는 점 외에도 해당 토지가 건축물의 건축에 적합한 상태로 적법하게 형질변경이 되어 있는 등 건축물의 건축이 허용되는 법적 성질을 지니고 있어야 한다는 점을 포함한다.

이에 수평면에 건축할 것으로 예정된 건물을 경사가 있는 토지 위에 건축하고자 건축신고를 하면서, 그 경사 있는 토지를 수평으로 만들기 위한 절토나 성토에 대한 토지형질변경허가를 받지 못한 경우에는 건축법에서 정한 '부지 확보' 요건을 완비하지 못한 것이 된다.

따라서 건축행정청이 추후 별도로 국토의 계획 및 이용에 관한 법률상 개발행위(토지형질변경)허가를 받을 것을 명시적 조건으로 하거나 또는 묵시적인 전제로 하여 건축주에 대하여 건축법상 건축신고 수리처분을 한다면, 이는 가까운 장래에 '부지 확보' 요건을 갖출 것을 전제로 한 경우이므로 그 건축신고 수리처분이 위법하다고 볼 수는 없지만, '부지 확보' 요건을 완비하지 못한 상태에서 건축신고 수리처분이 이루어졌음에도 그 처분 당시 건축주가 장래에도 토지형질변경허가를 받지 않거나 받지 못할 것이 명백하였다면, 그 건축신고 수리처분은 '부지 확보'라는 수리요건이 갖추어지지 않았음이 확정된 상태에서 이루어진 처분으로서 적법하다고 볼 수 없다.

> **요약**
>
> ❶ 국토계획법상 개발행위허가가 면제되는 토지형질변경이란, 토지의 형질을 외형상으로 사실상 변경시킴이 없이 건축 부분에 대한 허가만을 받아 그 설치를 위한 토지의 굴착만으로 건설이 가능한 경우를 의미한다.
>
> ❷ 어떤 인허가의 근거 법령에서 절차간소화를 위하여 관련 인허가를 의제 처리할 수 있는 근거 규정을 둔 경우, 인허가 의제 제도는 사업시행자의 이익을 위하여 만들어진 것이므로, 사업시행자가 반드시 관련 인허가 의제 처리를 신청할 의무가 있는 것은 아니다.
>
> ❸ 행정청이 토지형질변경허가에 대한 조건 또는 묵시적인 전제를 통해 건축주에게 건축법상 건축신고 수리처분을 할 당시, 건축주가 토지형질변경허가를 받지 않거나 받지 못할 것이 명백하였다면, 그 건축신고 수리처분은 적법하지 않다.

★ **대법원 2023. 9. 21. 선고 2023두39724 판결**

[사실관계]

원고(대한민국) 산하 공군 제11전투비행단(이하 편의상 '원고 비행단'이라고 한다)은 영내에 관사, 독신자 숙소, 외래자 숙소를 비롯한 주거시설과 상업시설을 운영하고 있으며, 텔레비전방송을 수신하기 위하여 텔레비전수상기(이하 '수상기'라 한다)를 소지하고 있다. 피고(한국전력공사)는 방송법 제67조 제2항에 따라 피고보조참가인(한국방송공사, 이하 '참가인'이라 한다)으로부터 텔레비전방송수신료(이하 'TV수신료'라 한다)의 징수업무를 위탁받아 전기사용고객에 대하여 매월 발생하는 전기요금고지서에 수신료(1수상기 당 2,500원)를 포함하여 함께 징수하고, 그에 따라 수신료 징수금액 중 일정비율의 수수료를 받아오고 있으며, 수상기를 등록, 관리하는 업무는 참가인이 자체 전산 시스템을 통해 수행하고 있다.

참가인 산하 대구사업지사 소속 직원이 2016. 8. 10. 원고 비행단이 영내에 보유한 수상기를 확인하기 위하여 현장을 방문하여 그 결과 영내에 스포츠 및 상업시설에 수상기 21대가 있음을 확인하고, 전기차충전소의 전기계량기 번호에 해당 수상기를 등록하여 피고가 2016. 8월부터 위 수상기 21대에 대하여 TV수신료를 부과, 징수하였다.

참가인 산하 대구사업지사 소속 직원들이 2020. 7. 13. 원고 비행단을 방문한 후 원고 비행단 영내 독신자숙소에 수상기 216대를 추가로 확인하였다는 이유로 피고 또는 참가인은 2020. 7.부터 2020. 9.에 걸쳐 원고 비행단에 위 수상기에 관한 TV수신료 미납분 3,847,500원(=2,500원×216대×8개월)의 납부를 요청하였다. 이에 원고 비행단은 영내 독신자숙소에서 보유하고 있는 수상기는 방송법 시행령 제39조 제10호에 따라 등록이 면제되는 수상기이므로 기납부액의 반환 및 추가 징수의 중단을 요구하였으나, 참가인은 위 수상기 등이 등록이 면제되는 수상기에 해당하지 않는다는 이유로 계속 수신료를 부과할 것임을 밝혔다.

피고는 2020. 12. 13.부터 2021. 2. 17.까지 원고 비행단 영내 독신자숙소 및 외래자숙소에 위치한 수상기에 관하여 별지1 목록 기재와 같이 TV수신료를 부과하였다(이하 수신료부과처분을 '이 사건 처분'이라 한다). 참가인은 2021. 3. 19. 원고 비행단에게 독신자 숙소 내 수상기 270대를 수신료부과대상에서 제외하는 의사를 전달하고, 2021. 8. 2. 위 수상기에 관하여는 등록을 면제하였으나, 외래자숙소 내 수상기에 관하여는 2021. 7. 13. 미납분 21,610,000원(총액 23,485,000원(=2,500원×154대×61개월) - 기납부액 1,875,000원(=4개월×154대×2,500원+1개월×134대×2,500원)의 납부를 요청하였다.

이에 원고 비행단과 참가인은 2022. 1. 26. 원고 비행단이 보유하고 있는 수상기 현황을 조사하였고, 이 사건 처분 시 보유현황(외래자 숙소 154대, 독신자 숙소 270대)과 달리 외래자 숙소에 53대, 독신자 숙소에 716대의 수상기를 보유하고 있는 것으로 확인되었다.

[판결요지]

[1] 행정청이 침해적 행정처분을 하면서 행정절차법 제21조 내지 제23조에서 정한 사전 통지, 의견 청취, 이유 제시 절차를 거치지 않은 경우, 그 처분이 위법한지 여부(원칙적 적극)

행정절차에 관한 일반법인 행정절차법 제21조 내지 제23조에서 사전 통지, 의견청취, 이유 제시에 관하여 정하고 있다. 행정청이 당사자에게 의무를 부과하거나 권익을 제한하는 처분을 하는 경우에는 미리 '처분의 제목', '처분하려는 원인이 되는 사실과 처분의 내용 및 법적 근거', '이에 대하여 의견을 제출할 수 있다는 뜻과 의견을 제출하지 아니하는 경우의 처리방법', '의견제출기관의 명칭과 주소', '의견제출기한' 등의 사항을 당사자 등에게 통지하여야 하고(제21조 제1항), 다른 법령 등에서 필수적으로 청문을 하거나 공청회를 개최하도록 규정하고 있지 않은 경우에도 당사자 등에게 의견제출의 기회를 주어야 하며(제22조 제3항), 행정청이 처분을 할 때에는 원칙적으로 당사자에게 그 근거와 이유를 제시해야 한다(제23조 제1항). 따라서 행정청이 침해적 행정처분을 하면서 위와 같은 절차를 거치지 않았다면 원칙적으로 그 처분은 위법하여 취소를 면할 수 없다.

[2] 국가에 대해 행정처분을 할 때에도 사전 통지, 의견청취, 이유 제시와 관련한 행정절차법이 그대로 적용되는지 여부(적극)

행정절차법 제2조 제4호에 의하면, '당사자 등'이란 행정청의 처분에 대하여 직접 그 상대가 되는 당사자와 행정청이 직권 또는 신청에 의하여 행정절차에 참여하게 한 이해관계인을 의미하는데, 같은 법 제9조에서는 자연인, 법인, 법인 아닌 사단 또는 재단 외에 '다른 법령 등에 따라 권리·의무의 주체가 될 수 있는 자' 역시 '당사자 등'이 될 수 있다고 규정하고 있을 뿐, 국가를 '당사자 등'에서 제외하지 않고 있다. 또한 행정절차법 제3조 제2항에서 행정절차법이 적용되지 않는 사항을 열거하고 있는데, '국가를 상대로 하는 행정행위'는 그 예외사유에 해당하지 않는다.

위와 같은 행정절차법의 규정과 행정의 공정성·투명성 및 신뢰성 확보라는 행정절차법의 입법 취지 등을 고려해 보면, 행정기관의 처분에 의하여 불이익을 입게 되는 국가를 일반 국민과 달리 취급할 이유가 없다. 따라서 국가에 대해 행정처분을 할 때에도 사전 통지, 의견청취, 이유 제시와 관련한 행정절차법이 그대로 적용된다고 보아야 한다.

[3] 조세나 부과금 등의 부담금에 관한 법률을 해석하는 방법 / 이는 텔레비전방송수신료의 부과 및 면제요건을 해석할 때에도 마찬가지인지 여부(적극) / '군 영내'에 있는 텔레비전수상기는 사용 목적과 관계없이 등록의무가 면제되는 수상기로서 텔레비전방송수신료를 부과할 수 없는지 여부(적극)

조세나 부과금 등의 부담금에 관한 법률의 해석에 관하여, 부과요건이거나 감면요건을 막론하고 특별한 사정이 없는 한 법문대로 해석해야 하고 합리적 이유 없이 확장해석하거나 유추해석하는 것은 허용되지 않는다. 이는 텔레비전수상기(이하 '수상기'라 한다)를 소지한 특정 집단에 대하여 부과되는 특별부담금인 텔레비전방송수신료(이하 '수신료'라 한다)의 부과 및 면제요건을 해석할 때에도 마찬가지이다.

방송법 제64조 단서에 의하면 대통령령으로 정하는 수상기에 대해서는 등록을 면제할 수 있고, 방송법 시행령 제39조 제10호는 '군 및 의무경찰대 영내에 갖추고 있는 수상기'를 등록이 면제되는 수상기로 정하고 있다. 그런데 위 시행령 제39조 각호에서는 등록이 면제되는 수상기를 제10호와 같이 수상기가 위치한 장소만을 요건으로 하는 경우와 제12호, 제13호와 같이 장소 외에 그 용도까지 함께 요건으로 하는 경우를 구분하여 규율하는 방식을 취하고 있다. 따라서 '군 영내'에 있는 수상기는 사용 목적과는 관계없이 등록의무가 면제되는 수상기로서 이에 대하여는 수신료를 부과할 수 없다.

> **요약**
>
> ❶ 국가에 대해 행정처분을 할 때에도 행정절차법상의 사전 통지, 의견청취, 이유 제시가 적용된다.
> ❷ 방송법 제64조 단서 및 동법 시행령 제39조 제10호에 따라 '군 영내'에 있는 수상기에 대해서는 수신료를 부과할 수 없다.

★ 대법원 2023. 10. 26. 선고 2018두55272 판결

[사실관계]

대구경북과학기술원의 교원인사관리요령 제16조 제1항은 조교수 직급의 교원이 승진되지 않고 동일한 직급에 근무할 수 있는 연한을 5년으로 정하고 있고, 같은 조 제2항은 직급정년일까지 승진되지 않는 경우에는 임용기간 만료로 면직 처리한다고 규정하고 있다(이하 '이 사건 직급정년 규정'이라 한다). 참가인(대구경북과학기술원 총장)은 임용기간을 2011. 2. 1.부터 2013. 8. 31.까지로 정하여 원고를 대구경북과학기술원의 ○○공학 전공 조교수로 임용하였다. 원고는 2013. 9. 1. 임용기간을 1년으로 하여 조교수로 재임용된 후, 2014. 9. 1.에는 2015. 2. 28.까지로, 2015. 3. 1.에는 원고의 조교수 직급정년일이 속한 학기의 말인 2016. 2. 29.까지로 각각 재임용되었다.

원고는 2015. 5. 15.경 부교수 승진을 위한 심사를 신청하였으나 참가인은 교원인사위원회의 승진심사를 거쳐 2015. 10. 1.경 원고의 부교수 승진 임용을 거부하기로 결정하였다. 참가인은 원고의 마지막 조교수 임용기간이 2016. 2. 29. 만료되자 별도의 재임용심사를 거치지 않고 원고를 면직 처리하였다. 이에 원고는 피고(교원소청심사위원회)에 소청심사를 청구하였고 피고는 이를 기각하는 결정을 하였다. 이에 원고는 교원소청심사위원회의 결정을 취소하는 소송을 행정법원에 제기하였다.

[판결요지]

[1] 사립대학 교원의 자격 심사기준으로서 교원이 갖추어야 할 능력과 자질 및 이는 재임용의 경우에도 마찬가지인지 여부(적극) / 임용기간이 만료된 대학교원을 재임용할 것인지는 임용권자의 재량행위에 속하는지 여부(적극) / 대학교원 기간임용제에 의해 임용되어 임용기간이 만료된 사립대학 교원은 재임용 여부에 관하여 합리적인 기준에 의한 공정한 심사를 요구할 권리를 가지는지 여부(적극) / 기간제로 임용된 대구경북과학기술원 교원에게도 사립대학 교원과 동일하게 위와 같은 재임용심사신청권을 인정해야 하는지 여부(적극)

사립대학의 교원은 관련 법령과 학교법인의 정관에서 교원의 자격 심사기준으로 삼고 있는 덕목인 학문연구, 학생교육, 학생지도, 교육관계 법령의 준수 및 기타 교원으로서의 품위유지에 관한 능력과 자질을 기본적으로 갖추고 있어야 하고, 이는 재임용의 경우에도 마찬가지이다. 대학교원의 임용기간이 만료되면 임용권자는 이러한 사정을 참작하여 재임용 여부를 심사할 필요성이 있으므로, 임용기간이 만료된 사람을 다시 임용할 것인지는 임용권자의 판단에 따른 재량행위에 속한다. 다만 대학교원 기간임용제에 의하여 임용되어 임용기간이 만료된 사립대학 교원으로서는 교원으로서의 능력과 자질에 관하여 합리적인 기준에 의한 공정한 심사를 받아 위 기준에 부합되면 특별한 사정이 없는 한 재임용되리라는 기대를 가지고 재임용 여부에 관하여 합리적인 기준에 의한 공정한 심사를 요구할 권리를 가진다.

대구경북과학기술원에 소속된 교원은 교육공무원이 아니므로 대구경북과학기술원과 소속 교원의 관계는 원칙적으로 사법상 계약에 의해 규율되는 관계로 보아야 하는 점, 헌법 제31조 제6항에서 정하고 있는 교원지위법정주의의 취지, 대구경북과학기술원법에 따라 설립된 대구경북과학기술원 교원의 지위, 역할 등을 고려하면, 기간제로 임용된 대구경북과학기술원 교원에 대하여도 구 사립학교법 제53조의2 제4항 내지 제8항을 유추적용하여 사립대학 교원과 동일하게 재임용 여부에 관하여 합리적인 기준에 의한 공정한 심사를 요구할 권리를 인정하여야 한다.

[2] 직급정년에 관한 대구경북과학기술원의 교원인사관리요령 제16조 제1항이 대학교원에게 인정되는 재임용심사신청권을 침해하여 무효인지 여부(적극)

직급정년에 관한 대구경북과학기술원의 교원인사관리요령 제16조 제1항은 대학교원인 조교수가 동일 직급으로 근무할 수 있는 최대기간을 5년으로 설정해 두고 그 기간이 만료되기 전까지 상위 직급으로 승진하지 못한 채 임용기간이 만료되면 별도의 재임용심사 없이 당연퇴직하게 하는 내용으로서 이는 대학교원에게 인정되는 재임용심사신청권을 침해하므로 무효라고 보는 것이 타당하다.

[3] 사립학교의 교원이 교원소청심사위원회의 소청심사 기각결정에 불복하여 교원소청심사위원회를 피고로 하여 행정소송을 제기한 경우, 소청심사의 피청구인이었던 사립학교의 장이 피고보조참가인으로서 소송에 참여할 수 있는지 여부(적극)

구 교원지위향상을 위한 특별법 제10조 제1항에 따른 교원소청심사위원회의 소청심사 기각결정에 불복하려는 교원은 같은 조 제3항에 따라 행정소송을 제기할 수 있다. 국공립학교의 교원은 소청심사 결정의 고유한 위법을 주장하는 경우가 아닌 한 불리한 처분을 한 인사권자를 피고로 하여 행정소송을 제기해야 하므로 그 인사권자는 피고로서 소송에 참여한다. 사립학교의 교원은 교원소청심사위원회를 피고로 하여 행정소송을 제기해야 하는데, 사립학교의 장은 학교법인의 위임 등을 받아 교원에 대한 인사 관련 업무에 대해 독자적 기능을 수행하고 있고, 소청심사의 피청구인이었다면 피고보조참가인으로서 소송에 참여할 수 있다.

> **요약**
>
> ❶ 기간제로 임용된 대구경북과학기술원 교원의 경우 교육공무원은 아니지만 사립대학 교원과 동일하게 재임용 여부에 관하여 합리적인 기준에 의한 공정한 심사를 요구할 권리가 있다.
>
> ❷ 사립학교의 교원이 교원소청심사위원회의 소청심사 기각결정에 불복하여 교원소청심사위원회를 피고로 한 행정소송을 제기한 경우, 해당 사립학교의 장은 피고 보조참가인으로서 소송에 참여할 수 있다.

대법원 2023. 10. 26. 선고 2020두50966 판결

[판결요지]

[1] 국가공무원인 교원의 보수에 관한 구체적인 내용(보수 체계, 보수 내용, 지급 방법 등)은 '기본적인 사항'으로서 반드시 법률의 형식으로 정해야 하는지 여부(소극)

국가공무원인 교원의 보수는 본질적으로 급부적 성격이 강한 국가행정의 영역에 속하는 것으로서 해마다 국가의 재정상황 등에 따라 그 액수가 수시로 변화하고, 교원의 보수체계 역시 국가의 정치·사회·경제적 상황, 시대 변화에 따른 교원의 지위 및 역할의 변화, 민간 영역의 보수 체계의 변화 등 사회적·경제적 여건에 따라 적절히 대처할 필요성이 있기 때문에 이에 관한 모든 사항을 법률에 규정하는 것은 입법기술상 매우 어렵다. 따라서 국가공무원인 교원의 보수에 관한 구체적인 내용(보수 체계, 보수 내용, 지급 방법 등)까지 반드시 법률의 형식으로만 정해야 하는 '기본적인 사항'이라고 보기는 어렵고, 이를 행정부의 하위법령에 위임하는 것은 불가피하다.

[2] 교육부장관이 중국, 일본, 중동·러시아, 남미에 설립된 한국학교에 재외국민의 교육지원 등에 관한 법률 시행령 제15조 등에 따라 파견공무원을 선발하기 위해서 각종 수당 및 근무조건에 관한 구체적인 내용이 기재된 교사 선발계획을 수립하여 이를 공고하였는데, 모스크바 한국학교 파견교사로 선발되어 3년간 파견근무를 한 초등학교 교사 갑이 파견기간 동안 재외 한국학교가 지급한 수당을 제외한 나머지 재외기관 근무수당의 지급을 청구한 사안에서, 교육부장관에게 재외 한국학교 파견공무원에 대한 수당 지급과 관련하여 재량권이 인정되고, 교육부장관이 정한 위 선발계획의 수당 부분에 재량권 일탈·남용의 위법이 없다고 한 사례

교육부장관이 중국, 일본, 중동·러시아, 남미에 설립된 사립학교인 한국학교에 재외국민의 교육지원 등에 관한 법률 시행령(이하 '재외국민교육법 시행령'이라 한다) 제15조 등에 따라 파견공무원을 선발하기 위해서 각종 수당 및 근무조건에 관한 구체적인 내용이 기재된 교사 선발계획을 수립하여 이를 공고하였는데, 모스크바 한국학교 파견교사로 선발되어 3년간 파견근무를 한 초등학교 교사 갑이 파견기간 동안 재외 한국학교가 지급한 수당을 제외한 나머지 재외기관 근무수당의 지급을 청구한 사안에서, 재외국민의 교육지원 등에 관한 법령과 공무원보수규정, 공무원수당 등에 관한 규정(이하 '공무원수당규정'이라 한다) 등 관계 법령의 목적과 규정 내용 및 체계, 재외 한국학교에 대한 교육공무원 파견 선발 제도 시행 경위와 취지, 위 선발계획의 수립과정과 내용 등을 종합적으로 고려하면, 교육부장관이 위와 같이 선발계획에서 재외 한국학교들이 지급하는 수당 부분을 제외한 나머지 재외기관 근무수당을 지급하지 않는 것으로 선발계획을 수립하여 공고한 것 자체를 재외 한국학교 파견공무원 수당 지급에 관한 '내부지침 또는 세부기준'을 정한 것으로 볼 수 있고, 이러한 선발계획의 내용이 위임법령의 목적이나 근본 취지에 배치되거나 모순되는 것으로 보이지 않는 점 등에 비추어, 공무원수당규정의 특별규정인 재외국민교육법 시행령 제17조에 따라 교육부장관에게 재외 한국학교 파견공무원에 대한 수당 지급과 관련하여 재량권이 인정되고, 교육부장관이 재외국민교육법 시행령 제17조 등 관계 법령에 따라 재외 한국학교와 협의를 거쳐 공무원수당규정이 정한 범위에서 예산사정 등을 고려하여 정한 위 선발계획의 수당 부분에 재량권 행사의 기초가 되는 사실을 오인하였다거나 비례·평등의 원칙에 반하는 등의 사유가 있다고 단정하기 어렵다고 한 사례.

> **요약**
>
> ❶ 국가공무원인 교원의 보수에 관한 구체적인 내용(보수 체계, 보수 내용, 지급 방법 등)은 반드시 법률의 형식으로만 정해야 하는 '기본적인 사항'에 해당하지 않는다.
> ❷ 교육부장관은 재외 한국학교 파견공무원에 대한 수당 지급과 관련하여 재량권이 있다.

대법원 2023. 11. 2. 선고 2023두41727 판결

[사실관계]

피고보조참가인(1960. 7.생, 이하 '참가인'이라 한다)은 노인의료복지시설인 이 사건 요양시설을 설치·운영하는 원고(사회복지법인 OO)와 계약기간을 '2018. 3. 15.부터 2018. 12. 31.까지'로 한 근로계약을 체결하고, 2018. 3. 15.부터 이 사건 요양시설에서 요양보호사로 근무하였다. 이후 참가인과 원고는 2019. 1. 1. 계약기간을 '2019. 1. 1.부터 정년 시까지'로 정한 근로계약서를 작성하였다가, 2020. 1. 1. 다시 계약기간을 '2020. 1. 1.부터 2020. 7. 31.까지'로 정한 근로계약서를 작성하였다. 2020. 1. 1. 자 근로계약서에는 '계약기간의 만료로 본 계약은 당연 종료된다. 단, 본 계약의 만료 전까지 계약의 갱신 또는 연장, 재계약을 할 수 있다.'라고 기재되어 있다.

원고의 취업규칙과 이 사건 요양시설 운영규정은 직원의 정년을 만 60세로 하고 만 60세가 되는 달의 말일에 퇴직한다고 정하면서, 원고가 업무의 필요에 의하여 정년 퇴직자를 계약직(촉탁직)으로 재고용할 수 있다는 취지의 규정을 두고 있다. 그러나 원고에게 정년 퇴직자를 촉탁직 근로자로 재고용할 의무를 부과하는 취지의 규정은 없고, 촉탁직 재고용 여부를 심사하는 기준이나 절차 역시 마련되어 있지 않다.

원고는 2020. 6. 19. 참가인에게 '2020. 7. 31. 정년으로 계약이 종료된다.'는 취지로 통보하였다(이하 '이 사건 근로계약 종료'라 한다). 참가인은 이 사건 근로계약 종료가 부당해고에 해당한다고 주장하며 노동위원회에 구제신청을 하였다. 중앙노동위원회가 참가인의 구제신청을 받아들이는 취지의 재심 판정을 하자, 원고는 피고(중앙노동위원회위원장)를 상대로 그 취소를 구하는 이 사건 소를 제기하였다.

[판결요지]

☐ 근로계약 당사자 사이에 근로자가 정년에 도달하더라도 일정한 요건을 충족하면 기간제 근로자로 재고용될 수 있다는 신뢰관계가 형성되어 있는 경우, 근로자는 정년 후 재고용되리라는 기대권을 가지는지 여부(원칙적 적극) / 이 같은 경우, 사용자의 합리적 이유 없는 재고용 거절의 효력(무효) / 이러한 법리는 기간제 근로자가 정년을 이유로 퇴직하게 된 경우에도 마찬가지인지 여부(원칙적 적극)

근로자의 정년을 정한 근로계약, 취업규칙이나 단체협약 등이 법령에 위반되지 않는 한 그에 명시된 정년에 도달하여 당연퇴직하게 된 근로자와의 근로관계를 정년을 연장하는 등의 방법으로 계속 유지할 것인지는 원칙적으로 사용자의 권한에 속하는 것으로서, 해당 근로자에게 정년 연장을 요구할 수 있는 권리가 있다고 할 수 없다. 그러나 근로계약, 취업규칙, 단체협약 등에서 정년에 도달한 근로자가 일정한 요건을 충족하면 기간제 근로자로 재고용해야 한다는 취지의 규정을 두고 있거나, 그러한 규정이 없더라도 재고용을 실시하게 된 경위 및 실시기간, 해당 직종 또는 직무 분야에서 정년에 도달한 근로자 중 재고용된 사람의 비율, 재고용이 거절된 근로자가 있는 경우 그 사유 등의 여러 사정을 종합해 볼 때, 사업장에 그에 준하는 정도의 재고용 관행이 확립되어 있다고 인정되는 등 근로계약 당사자 사이에 근로자가 정년에 도달하더라도 일정한 요건을 충족하면 기간제 근로자로 재고용될 수 있다는 신뢰관계가 형성되어 있는 경우에는 특별한 사정이 없는 한 근로자는 그에 따라 정년 후 재고용되리라는 기대권을 가진다. 이와 같이 정년퇴직하게 된 근로자에게 기간제 근로자로의 재고용에 대한 기대권이 인정되는 경우, 사용자가 기간제 근로자로의 재고용을 합리적 이유 없이 거절하는 것은 부당해고와 마찬가지로 근로자에게 효력이 없다. 이러한 법리는, 특별한 사정이 없는 한 기간제 근로자가 정년을 이유로 퇴직하게 된 경우에도 마찬가지로 적용된다.

요약

❶ 근로계약, 취업규칙, 단체협약 등에서 정년에 도달한 근로자가 일정한 요건을 충족하면 기간제 근로자로 재고용해야 한다는 취지의 규정을 두고 있거나, 그러한 규정이 없더라도 사업장에 그에 준하는 정도의 재고용 관행이 확립되어 있다고 인정되는 등 근로계약 당사자 사이에 근로자가 정년에 도달하더라도 일정한 요건을 충족하면 기간제 근로자로 재고용될 수 있다는 신뢰관계가 형성되어 있는 경우에는 근로자는 그에 따라 정년 후 재고용되리라는 기대권을 가진다.

❷ 정년퇴직하게 된 근로자에게 기간제 근로자로의 재고용에 대한 기대권이 인정되는 경우, 사용자가 기간제 근로자로의 재고용을 합리적 이유 없이 거절하는 것은 부당해고와 마찬가지로 근로자에게 효력이 없다. 이러한 법리는 기간제 근로자가 정년을 이유로 퇴직하게 된 경우에도 마찬가지로 적용된다.

대법원 2023. 11. 16. 선고 2022두61816 판결

[사실관계]

서울 강동구 (주소 1 생략) 답 1,171㎡(이하 '이 사건 토지'라고 한다) 중 일부(270㎡, 이하 '이 사건 편입토지'라고 한다)를 포함한 서울 강동구 (주소 2 생략) 일대 112,398㎡는 1971. 8. 7. 구 도시계획법에 따라 도시계획시설(공원)로 결정·고시되었다.

헌법재판소는 1999. 10. 21. 도시계획구역 안에서 일정한 행위를 제한하는 구 도시계획법 제4조에 대하여 2001. 12. 31.을 시한으로 개정될 때까지 계속 적용되도록 하는 헌법불합치결정을 하였다(헌법재판소 1999. 10. 21. 선고 97헌바26 전원재판부 결정, 이하 '관련 헌법불합치결정'이라 한다). 이에 따라 구 도시계획법 등 관련 법령이 개정 또는 제정되어 이른바 도시계획시설결정 일몰제가 시행되었다.

원고는 2017. 7. 6. 이 사건 토지에 관하여 '2017. 5. 12. 매매'를 원인으로 하여 소유권이전등기를 마쳤다. 피고(서울특별시장)는 2020. 6. 29. 서울 강동구 (주소 2 생략) 일대 112,398㎡에 관한 도시계획시설(공원)결정을 변경(해제)하고, 「국토의 계획 및 이용에 관한 법률」(이하 '국토계획법'이라고 한다) 제38조의2, 「도시공원 및 녹지 등에 관한 법률」(이하 '공원녹지법'이라고 한다) 제26조에 따라 이 사건 편입토지를 포함한 위 토지 일대 111,279.5㎡를 ○○산도시자연공원구역(이하 '이 사건 공원구역'이라고 한다)으로 지정하는 내용의 도시관리계획(용도구역)결정을 고시하였다. 이에 원고는 이와 같은 도시계획시설결정이 자신의 소유권을 침해한다는 이유로 해제신청을 하였으나 피고는 이를 거부하였고, 원고는 이 거부처분에 대한 취소를 구하는 소송을 제기하였다.

[판결요지]

□ 행정계획의 의미 / 행정주체가 행정계획을 입안·결정할 때 광범위한 형성의 자유를 가지는지 여부(적극) 및 그 한계 / 행정주체가 행정계획을 입안·결정하면서 이익형량을 하지 않거나 이익형량의 고려 대상에 포함해야 할 사항을 누락한 경우 또는 이익형량을 했으나 정당성·객관성이 결여된 경우, 행정계획결정이 위법한지 여부(적극) / 도시관리계획결정과 관련하여 재량권 일탈·남용 여부를 판단하는 방법 / 자연환경 보호 등을 목적으로 하는 도시관리계획결정은 행정청의 재량적 판단으로서 폭넓게 존중해야 하는지 여부(원칙적 적극)

행정계획이란 행정에 관한 전문적·기술적 판단을 기초로 하여 도시의 건설·정비·개량 등과 같은 특정한 행정목표를 달성하기 위하여 서로 관련되는 행정수단을 종합·조정함으로써 장래의 일정한 시점에 일정한 질서를 실현하기 위한 활동기준으로 설정된 것이다. 도시공원 및 녹지 등에 관한 법률(이하 '공원녹지법'이라 한다) 등 관계 법령에는 추상적인 행정목표와 절차만이 규정되어 있을 뿐 행정계획의 내용에 대하여는 별다른 규정을 두고 있지 않으므로 행정주체는 구체적인 행정계획을 입안·결정하면서 비교적 광범위한 형성의 자유를 가진다. 하지만 행정주체가 가지는 이와 같은 형성의 자유는 무제한적인 것이 아니라 행정계획에 관련되는 자들의 이익을 공익과 사익 사이에서는 물론이고 공익 상호 간과 사익 상호 간에도 정당하게 비교교량해야 한다는 제한이 있다. 따라서 행정주체가 행정계획을 입안·결정하면서 이익형량을 전혀 행하지 않거나 이익형량의 고려 대상에 마땅히 포함시켜야 할 사항을 누락한 경우 또는 이익형량을 하였으나 정당성과 객관성이 결여된 경우에는 그 행정계획결정은 형량에 하자가 있어 위법하다. 공원녹지의 확충·

관리·이용 등 쾌적한 도시환경의 조성 등을 목적으로 하는 도시관리계획결정과 관련하여 재량권의 일탈·남용 여부를 심사할 때에는 공원녹지법의 입법 취지와 목적, 보존하고자 하는 녹지의 조성 상태 등 구체적 현황, 이해관계자들 사이의 권익 균형 등을 종합하여 신중하게 판단해야 한다. 그리고 자연환경 보호 등을 목적으로 하는 도시관리계획결정은 식생이 양호한 수림의 훼손 등과 같이 장래 발생할 불확실한 상황과 파급효과에 대한 예측 등을 반영한 행정청의 재량적 판단으로서, 그 내용이 현저히 합리성을 결여하거나 형평이나 비례의 원칙에 뚜렷하게 반하는 등의 사정이 없는 한 폭넓게 존중해야 한다.

[이 사건에 대한 판단]

이 사건 편입토지는 자연녹지지역으로 인접 도로 확장으로 인해 절토된 언덕 위에 위치하고 있다. 이 사건 편입토지에 인접한 임야는 국토환경성평가 1등급, 생태·자연도평가 2등급, 임상도 4영급, 비오톱유형평가 1등급으로 '법·제도에 의해 보호되고 있는 지역이거나 환경·생태적 측면에서 우수한 자연환경을 지닌 지역'으로서 '보전이 우선시 되거나 필요한 지역'에 해당한다. 이 사건 편입토지는 국토환경성평가 2등급에 해당하여 법제적 측면 또는 환경·생태적 측면에서 다소 우수한 자연환경을 지닌 지역으로, '보전이 우선시 되거나 필요한 지역'인 임야에 인접하여 있으므로, 공원녹지법령 및 이 사건 지침의 도시자연공원구역 지정 기준에 의하면 적어도 보전이 필요한 지역의 '완충지역'으로 지정할 수 있다.

또한 관련 헌법불합치결정의 취지는 입법자가 매수청구권이나 수용신청권의 부여, 지정의 해제, 금전적 보상 등 다양한 보상가능성을 통하여 재산권에 대한 가혹한 침해를 적절하게 보상하여야 함에도 토지의 사적 이용권이 배제된 상태에서 토지소유자로 하여금 10년 이상 아무런 보상 없이 수인하도록 하는 것은 공익실현의 관점에서도 정당화될 수 없는 과도한 제한으로서 헌법상의 재산권보장에 위배된다는 것이다. 그런데 이 사건 편입토지는 1971. 8. 7. 최초 도시계획시설(공원)로 지정된 이후 계속 지목에 따라 농경지로 이용된 것으로 보이고, 2017년경 이 사건 편입토지의 소유권을 취득한 원고 역시 계속하여 농경지로 사용하는 것이 가능하다. 만약 이 사건 편입토지를 종래의 용도로 사용할 수 없어 그 효용이 현저하게 감소되거나 사용·수익이 사실상 불가능한 경우 원고는 공원녹지법 제29조에 따른 매수청구권을 행사할 수 있다. 따라서 이 사건 공원구역의 지정이 원고의 사익을 과도하게 침해하였다고 단정할 수 없다.

요약

> 자연환경 보호 등을 목적으로 하는 도시관리계획결정은 행정청의 재량적 판단이기 때문에 그 내용이 현저히 합리성을 결여하거나 형평이나 비례의 원칙에 뚜렷하게 반하는 등의 사정이 없는 한 폭넓게 존중해야 한다.

대법원 2023. 11. 30. 선고 2019두38465 판결

[사실관계]

원고(주식회사 경기고속)는 시외버스, 공항버스 등을 운행하는 여객자동차 운송사업을 영위하는 회사이다. 원고는 1997. 6. 9. 피고보조참가인(경기도지사, 이하 '참가인'이라 한다)으로부터 10대의 버스로 1개 노선(성남-김포공항 노선)을 운행하는 시외버스(공항버스)운송사업 한정면허를 받았다. 그 후 원고는 의정부, 전곡, 성남 등 8개 노선(이하 '이 사건 노선'이라 한다)의 공항버스 운행에 관하여 한정면허 갱신을 신청하였고, 참가인은 2012. 3. 14. 유효기간을 2018. 6. 8.까지로 정하여 이 사건 노선에 대한 한정면허(이하 '이 사건 한정면허'라 한다)를 갱신하였다.

원고는 이 사건 노선에서 공항버스를 이용하는 어린이에 대하여 일반요금의 25% 상당액으로 요금을 할인해 주었다. 원고는 2012. 5.경 이전부터 경기도 버스운송사업조합으로부터 원고가 운행하는 시외버스 및 공항버스의 학생, 청소년 할인 실적에 대한 자료를 제공받은 후 피고에게 시외버스 및 공항버스에 관하여 어린이 50%, 청소년 30%의 할인율을 일괄 적용하여 온 것처럼 위 할인율에 해당하는 금액 상당의 보조금을 신청하였다. 이에 따라 원고가 2012. 5.경부터 2016. 12.경까지 피고로부터 이 사건 노선에 관하여 청소년 할인 보조금(이하 '이 사건 보조금'이라 한다)으로 지급받은 금액이 총 1,045,412,000원에 이른다.

피고(광주시장)는 원고가 거짓이나 부정한 방법으로 보조금을 지원받은 경우에 해당한다고 보아 2017. 9. 27. 원고에게 이 사건 보조금을 환수하고(이하 '이 사건 환수처분'이라 한다), 그 환수한 날로부터 3년간 원고를 도 보조금 지원 대상(시설개선비, 인센티브)에서 제외한다(이하 '이 사건 제외처분'이라 하고, 위 각 처분을 합하여 '이 사건 각 처분'이라 한다)는 내용으로 통보하였다. 이에 원고는 이 사건 각 처분에 대한 취소를 구하는 소를 제기하였다.

[판결요지]

- 시외버스(공항버스) 운송사업을 하는 갑 주식회사가 청소년요금 할인에 따른 결손 보조금의 지원 대상이 아님에도 청소년 할인 보조금을 지급받음으로써 '부정한 방법으로 보조금을 지급받은 경우'에 해당한다는 이유로, 관할 시장이 보조금을 환수하고 구 경기도 여객자동차 운수사업 관리 조례 제18조 제4항을 근거로 보조금 지원 대상 제외처분을 하였다가 처분에 대한 취소소송에서 구 지방재정법 제32조의8 제7항을 처분사유로 추가한 사안에서, 시장이 위 처분의 근거 법령을 추가한 것은 기본적 사실관계의 동일성이 인정되지 않는 별개의 사실을 들어 주장하는 것으로서 처분사유 추가·변경이 허용되지 않는데도, 이와 달리 본 원심판단에 법리오해의 잘못이 있다고 한 사례

시외버스(공항버스) 운송사업을 하는 갑 주식회사가 청소년요금 할인에 따른 결손 보조금의 지원 대상이 아님에도 청소년 할인 보조금을 지급받음으로써 여객자동차 운수사업법 제51조 제3항에서 정한 '부정한 방법으로 보조금을 지급받은 경우'에 해당한다는 이유로 관할 시장이 보조금을 환수하고 구 경기도 여객자동차 운수사업 관리 조례(2021. 11. 2. 경기도조례 제7246호로 개정되기 전의 것) 제18조 제4항을 근거로 보조금 지원 대상 제외처분을 하였다가 처분에 대한 취소소송에서 구 지방재정법 제32조의8 제7항(지방자치단체의 장은 제1항제1호부터 제3호까지의 어느 하나에 해당하여 지방보조금 교부결정이 취소된 자에 대해서는 5년의 범위에서 지방보조금 교부를 제한할

수 있다)을 처분사유로 추가한 사안에서, 도 보조금 지원 대상에 관한 제외처분을 재량성의 유무 및 범위와 관련하여 위 조례 제18조 제4항은 기속행위로, 구 지방재정법 제32조의8 제7항은 재량행위로 각각 달리 규정하고 있는 점, 근거 법령의 추가를 통하여 위 제외처분의 성질이 기속행위에서 재량행위로 변경되고, 그로 인하여 위법사유와 당사자들의 공격방어방법 내용, 법원의 사법심사방식 등이 달라지며, 특히 종래의 법 위반 사실뿐만 아니라 처분의 적정성을 확보하기 위한 양정사실까지 새로 고려되어야 하므로, 당초 처분사유와 소송 과정에서 시장이 추가한 처분사유는 기초가 되는 사회적 사실관계의 동일성이 인정되지 않는 점, 시장이 소송 도중에 위와 같이 제외처분의 근거 법령으로 위 조례 제18조 제4항 외에 구 지방재정법 제32조의8 제7항을 추가하는 것은 갑 회사의 방어권을 침해하는 것으로 볼 수 있는 점을 종합하면, 관할 시장이 처분의 근거 법령을 추가한 것은 기본적 사실관계의 동일성이 인정되지 않는 별개의 사실을 들어 주장하는 것으로서 처분사유 추가·변경이 허용되지 않는데도, 이와 달리 본 원심판단에 법리오해의 잘못이 있다고 한 사례.

> [!NOTE] 요약
> 최초 처분사유인 구 경기도 여객자동차 운수사업 관리 조례 제18조 제4항에 구 지방재정법 제32조의8 제7항을 처분사유로 추가할 수는 없다.

대법원 2023. 12. 21. 선고 2020두50348 판결

[사실관계]

원고(Facebook Ireland Limited)는 페이스북 플랫폼을 통해 한국을 포함한 전세계 이용자들에게 사회관계망 서비스(Social Network Service, SNS)를 제공하는 콘텐츠제공사업자(Contents Provider, 이하 'CP'라고 한다)로서 전기통신사업법상 부가통신사업자에 해당한다. 원고는 원래 ① 주식회사 엘지유플러스(이하 'LGU+'라고 한다), SK텔레콤 주식회사(이하 'SKT'라고 한다), 주식회사 케이티(이하 'KT'라고 한다) 이용자에게는 주로 원고와 트랜짓 계약을 체결한 KT의 목동 인터넷데이터센터(Internet Data Center, 이하 'IDC'라고 한다)를 통하여 페이스북 트래픽을 전송하는 방법으로 콘텐츠를 제공하고, ② SK브로드밴드 주식회사(이하 'SKB'라고 한다) 이용자에게는 홍콩 Mega-I IDC에서 피어링 방식으로 접속하여 페이스북 트래픽을 직접 전송하는 방법으로 콘텐츠를 제공하였다. 원고와 국내 통신사 사이의 인터넷망 접속 관련 협상을 앞두고, 2016. 1.경 '전기통신설비의 상호접속기준'이 미래창조과학부 고시 제2015-83호로 개정되면서 동일계위 사이에 인터넷 직접접속 시 접속통신료가 무정산 방식에서 상호정산 방식으로 변경되었고, 이에 따라 트래픽 발생량이 많은 KT가 SKT, LGU+에 종전보다 많은 접속통신료를 지급해야 하는 상황이 발생하였다. KT는 원고에게 이를 이유로 기존 트랜짓 계약 갱신 시 당시 가격보다 더 높은 가격으로 변경되어야 한다는 의사를 표시하였고, 그로 인해 원고로서는 향후 KT에 트랜짓 서비스와 관련하여 더 많은 비용을 지급해야 하는 입장에 처하게 되었다.

원고는 국내 통신사와의 인터넷망 접속 관련 협상에서 유리한 위치를 차지하기 위하여 사전 고지나 협의 없이 ① 2016. 12. 8. SKT 이용자의 일부 접속경로를 국내 KT의 목동 IDC에서 홍콩 Mega-I IDC로 변경하였고, 이로 인하여 트래픽이 기존 SK(SKT, SKB)와 홍콩 Mega-I IDC 사이의 직접접속 연동용량인 80Gbps를 초과함에 따라 SKB 트래픽 중 일부가 우회하여 회선대역폭이 좁은 홍콩 텔스트라(Telstra), 미국 엔티티(NTT) 등 해외 인터넷서비스제공사업자(Internet Service Provider, 이하 'ISP'라고 한다)를 통한 국제구간을 거치면서 병목현상이 발생하였다. 또한 원고는 ② 2017. 2. 14. LGU+ 무선망 트래픽 중 일부의 접속경로를 국내 KT의 목동 IDC에서 홍콩 피씨씨더블유(PCCW), 미국 스프린트(Sprint) 등 해외 ISP로 변경하였고, 이로 인하여 국제구간에서 병목현상이 발생하였다. 원고의 위와 같은 접속경로 변경으로 인해 국내 페이스북 이용자들의 페이스북 접속이 지연되거나 동영상이 제대로 재생되지 않는 등의 현상이 발생하였다.

피고(방송통신위원회)는 2018. 3. 21. 원고에게, 원고의 접속경로 변경이 '정당한 사유 없이 전기통신서비스의 이용을 제한하는 행위'로서 전기통신이용자의 이익을 현저히 해치는 방식으로 전기통신서비스를 제공하는 행위(이하 '이 사건 금지행위'라고 한다)를 금지하고 있는 구 전기통신사업법 제50조 제1항 제5호 후단, 구 전기통신사업법 시행령 제42조 제1항 [별표 4] 제5호 (나)목 5)(이하 위 시행령 규정을 '이 사건 쟁점조항'이라고 한다)를 위반하였다는 이유로, ① 시정명령을 받은 사실의 공표, 재발방지대책의 수립, 시정명령 이행계획서 제출 및 시정명령 이행결과의 보고를 명하는 시정조치 명령과 ② 3억 9,600만 원의 과징금 납부명령을 하였다(이하 시정조치 명령과 과징금 납부명령을 합하여 '이 사건 처분'이라고 한다).

[판결요지]

□ 전 세계 이용자들에게 사회관계망 서비스를 제공하는 콘텐츠제공사업자인 甲 주식회사가 '전기통신시설비의 상호접속기준'이 개정되면서 국내통신사에 더 많은 비용을 지급해야 할 상황에 처하자, 일부 접속경로를 국내에서 해외 인터넷서비스 제공사업자로 변경하면서 국내 페이스북 이용자들의 접속이 지연되거나 동영상이 제대로 재생되지 않는 등의 현상이 발생한 사실에 대하여, 위 접속경로 변경이 '정당한 사유 없이 전기통신서비스의 이용을 제한하는 행위'로서 전기통신이용자의 이익을 현저히 해치는 방식으로 전기통신서비스를 제공하는 행위를 금지하고 있는 구 전기통신사업법령을 위반했다는 이유로 방송통신위원회가 甲 회사에 시정명령 등을 한 사안에서, 甲 회사의 접속경로 변경행위가 구 전기통신사업법 시행령 제42조 제1항 [별표 4] 제5호 (나) 5)에서 정한 '이용의 제한'에 해당하지 않는다고 한 사례

전 세계 이용자들에게 사회관계망 서비스를 제공하는 콘텐츠제공사업자로서 전기통신사업법상 부가통신사업자인 갑 주식회사가 '전기통신시설비의 상호접속기준'이 개정되면서 국내통신사에 더 많은 비용을 지급해야 할 상황에 처하자, 일부 접속경로를 국내에서 해외 인터넷서비스제공사업자로 변경하면서 국내 페이스북 이용자들의 페이스북 접속이 지연되거나 동영상이 제대로 재생되지 않는 등의 현상이 발생한 사실에 대하여, 위 접속경로 변경이 '정당한 사유 없이 전기통신서비스의 이용을 제한하는 행위'로서 전기통신이용자의 이익을 현저히 해치는 방식으로 전기통신서비스를 제공하는 행위를 금지하고 있는 구 전기통신사업법 제50조 제1항 제5호 후단, 구 전기통신사업법 시행령 제42조 제1항 [별표 4] 제5호 (나)목 5)(이하 위 시행령 규정을 '쟁점조항'이라 한다)를 위반했다는 이유로 방송통신위원회가 갑 회사에 시정명령과 과징금 납부명령을 한 사안에서, 쟁점조항이 정한 금지행위를 이유로 하는 과징금 부과 등은 침익적 행정처분에 해당하므로, 쟁점조항은 엄격하게 해석·적용해야 하고, 행정처분의 상대방에게 지나치게 불리한 방향으로 해석·적용해서는 안 되는 점, 쟁점조항 중 이용의 '제한 또는 중단'과 관련하여 '일정한 한도를 정하거나 그 한도를 넘지 못하게 막음. 또는 그렇게 정한 한계'로 정의하고 있는 '제한'의 사전적 의미(국립국어원 표준국어대사전)와 '제한'이 '중단'과 병렬적으로 규정되어 있는 점 등을 고려하면, '이용의 제한'은 이용의 시기나 방법, 범위 등에 한도나 한계를 정하여 이용을 못 하게 막거나 실질적으로 그에 준하는 정도로 이용을 못 하게 하는 것을 의미한다고 해석되는 점, 구 전기통신사업법령에서 '제한'이라는 용어를 사용하고 있는 다른 규정들에 비추어 보더라도, 이용 자체는 가능하나 이용이 지연되거나 이용에 불편이 초래된 경우는 이용의 '제한'에 해당한다고 보기 어려운 점 등을 종합하면, 갑 회사의 접속경로 변경행위가 구 전기통신사업법 시행령 제42조 제1항 [별표 4] 제5호 (나)목 5)에서 정한 '이용의 제한'에 해당하지 않는다고 한 사례.

요약

❶ 시정명령과 과징금부과처분은 침익적 행정처분에 해당하므로 근거규정을 엄격하게 해석·적용해야 한다.

❷ 콘텐츠제공사업자가 비용의 추가납부를 피하기 위해 접속경로를 변경하는 것은 구 전기통신사업법 시행령 위반이 아니다.

대법원 2023. 12. 21. 선고 2023두42904 판결

[사실관계]

원고는 2016. 8.경부터 성남시 수정구 B 소재 'C의원'(이하 '이 사건 의원'이라 한다)을 개설·운영하고 있는 의사이다. 피고(보건복지부장관)는 2018. 10. 15.부터 같은 달 17.까지 조사대상기간을 2017. 7.부터 2018. 8.까지(14개월, 이하 '이 사건 조사대상기간'이라 한다)로 하여 이 사건 의원에 대한 현지조사(이하 '이 사건 현지조사'라 한다)를 실시하였다. 피고는 이 사건 현지조사에 착수하면서 원고에게 '요양(의료)급여 관계서류 제출 요구서'를 통해 각종 서류를 제출할 것을 명령하였다(이하 '이 사건 제출명령'이라 한다). 한편 이 사건 의원에서는 환자로부터 수납한 금액에 관하여, 전산으로 작성하는 자료(이하 '이 사건 전산상 수납내역'이라 한다)와 수기로 작성하는 '일일마감표'(이하 '이 사건 일일마감표'라 한다)를 별도로 관리해왔다. 원고는 이 사건 제출명령에 따라 진료기록부 등 서류를 제출하는 한편, 이 사건 제출명령에 따라 제출해야 할 '본인부담금 수납대장'으로 이 사건 전산상 수납내역을 모두 제출하였으며, 현지조사팀에서 환자들의 개별 카드전표의 제출도 요구하자 원고가 직접 보관하고 있던 카드전표도 제출하였다. 그런데 현지조사팀에서는 다시 수기로 작성한 이 사건 일일마감표를 제출해 달라고 요구하였다. 이에 대하여 원고는 이 사건 조사대상기간(2017. 7.부터 2018. 8.까지 총 14개월)에 작성된 이 사건 일일마감표 중 총 78장(78일분)만 제출하였을 뿐, 나머지는 폐기처분 하였다는 이유로 이를 제출하지 않았다.

피고는 '원고가 이 사건 제출명령에 따라 제출해야 할 본인부담금 수납대장에 해당하는 이 사건 일일마감표 중 일부만 제출함으로써 이 사건 제출명령을 위반하였다.'는 이유로 2020. 3. 5. 원고에게 1년(2020. 6. 1.부터 2021. 5. 31.까지)의 의료급여기관 업무정지처분을, 2020. 3. 11.에는 원고에게 1년(2020. 6. 1.부터 2021. 5. 31.까지)의 요양기관 업무정지처분을 하였다(이하 위 각 처분을 통틀어 '이 사건 각 업무정지처분'이라 한다).

이에 원고는 2020. 5. 15. 이 사건 각 업무정지처분의 취소를 구하는 이 사건 소를 제기하였다.

[판결요지]

□ 요양기관 내지 의료급여기관이 이미 서류보존의무를 위반하여 요양·약제의 지급 등 보험급여 내지 진료·약제의 지급 등 의료급여에 관한 서류를 보존하고 있지 않음을 이유로 서류제출명령에 응할 수 없는 경우, 처분청이 요양기관 등에 서류제출명령 불이행을 이유로 제재할 수 있는지 여부(원칙적 소극) 및 예외적으로 제재처분을 부과할 수 있는 경우 / 처분청의 서류제출명령과 무관하게 급여 관계 서류가 폐기되었다는 사정에 관한 증명책임의 소재(=요양기관 등)

구 국민건강보험법(2019. 12. 3. 법률 제16728호로 개정되기 전의 것, 이하 같다)과 의료급여법은 요양기관 내지 의료급여기관(이하 '요양기관 등'이라 한다)의 서류제출명령에 응할 의무와 서류보존의무를 별도로 규정하면서 각각의 위반 정도를 달리 보고 있다. 따라서 구 국민건강보험법의 제97조 제2항, 제98조 제1항 제2호, 제116조, 의료급여법 제28조 제1항 제3호, 제32조 제2항, 제35조 제5항의 내용, 체계와 함께 서류제출명령의 실효성 제고 등을 위한 구 국민건강보험법 및 의료급여법의 입법 취지 등을 종합하면, 요양기관 등이 이미 서류보존의무를 위반하여 요양·약제의 지급 등 보험급여 내지 진료·약제의 지급 등 의료급여에 관한 서류(이하 '급여 관계 서류'라 한다)를 보존하고 있지 않음을 이유로 서류제출명령에 응할 수 없는 경우에는 처분청이 요양기관 등에 서류제출명령 불이행을 이유로 제재를 할 수 없음이 원칙이지만, 요양기관 등이 서류제출명령을 받을 것을 예상하였거나 실제 서류제출명령이 부과되었음에도 이를 회피할 의도에서 급여 관계 서류를 폐기하는 경우에는 처분청이 요양기관 등에 서류제출명령 불이행을 이유로 제재처분을 부과할 수 있다고 보는 것이 타당하다.

한편 항고소송에서 해당 처분의 적법성에 대한 증명책임은 원칙적으로 처분의 적법을 주장하는 처분청에 있지만, 처분청이 주장하는 해당 처분의 적법성에 관하여 합리적으로 수긍할 수 있는 정도로 증명이 있는 경우에는 그 처분은 정당하고, 이와 상반되는 예외적인 사정에 대한 주장과 증명은 상대방에게 책임이 돌아간다. 따라서 급여 관계 서류의 보존행위가 요양기관 등의 지배영역 안에 있고, 요양기관 등이 서류보존의무기간 내에 이를 임의로 폐기하는 것 자체가 이례적이라는 사실에 비추어 볼 때, 요양기관 등이 서류제출명령의 대상인 급여 관계 서류를 생성·작성하였다고 볼 만한 사정에 대해 처분청이 합리적으로 수긍할 수 있는 정도로 증명했다면, 처분청의 서류제출명령과 무관하게 급여 관계 서류가 폐기되었다는 사정은 이를 주장하는 측인 요양기관 등이 증명하여야 한다.

요약

❶ 항고소송에서 해당 처분의 적법성에 대한 증명책임은 처분의 적법을 주장하는 처분청에 있고, 이와 상반되는 예외적인 사정에 대한 주장과 증명은 상대방에게 있다.

❷ 요양기관 등이 서류제출명령의 대상인 급여 관계 서류를 생성·작성하였다고 볼 만한 사정에 대해 처분청이 합리적으로 수긍할 수 있는 정도로 증명했다면, 처분청의 서류제출명령과 무관하게 급여 관계 서류가 폐기되었다는 사정은 이를 주장하는 측인 요양기관 등이 증명하여야 한다.

대법원 2023. 12. 28. 선고 2020두49553 판결

[사실관계]

원고들은 서울 강남구 (지번 생략) 일대의 재건축 사업(이하 '이 사건 사업'이라 한다)을 위한 주택재건축정비사업조합으로, 피고(서울특별시 강남구청장)로부터 이 사건 사업에 관하여 2004. 2. 19. 사업시행인가를, 2008. 7. 9. 관리처분계획인가를 각 받은 후 위 사업을 완료하여 2010. 10. 20. 준공인가를 받았다. 피고는 사업시행인가를 하면서 '사업대지 경계부 건축선 후퇴 부분은 지역 주민들이 도로로 이용할 수 있도록 기존 도로와 같은 재질로 공사하시기 바랍니다.'라는 조건을 부과하였다(이하 위와 같이 부과된 조건에 따라 제공된 도로를 '이 사건 도로'라 한다). 원고들은 총 94세대(조합원분 68세대, 일반분양분 26세대)로 구성되는 아파트 2 개동과 단지 외부에 위치하여 공공에 제공되는 이 사건 도로 등을 신축하였다. 일반분양분 26세대 중 7세대는 준공인가일 이전에 분양계약이 체결되었고, 나머지 19세대는 준공인가일 이후에 분양계약이 체결되었다.

피고는 2014. 12. 29. 원고들에게 구 「재건축초과이익 환수에 관한 법률」(이하 '구 재건축이익환수법'이라 한다) 제3조에 따른 재건축부담금 431,171,110원을 부과하였다(이하 '이 사건 처분'이라 한다). 구 재건축이익환수법 제7조에 따르면 재건축부담금의 부과기준은 종료시점 주택가액에서 개시시점 주택가액, 부과기간 동안의 개시시점 부과대상 주택의 정상주택 가격상승분 총액, 구 재건축이익환수법 제11조의 규정에 의한 개발비용 등을 공제한 금액으로 정해진다. 피고는 이 사건 처분을 할 때 일반분양분 26세대에 관한 종료시점 주택가액을 실제 분양가격으로 산정하고, 이 사건 도로 부분 부지 가액을 개발비용으로 공제하지 않았다.

[판결요지]

[1] 항고소송에서 행정처분의 위법 여부를 판단하는 기준과 방법

항고소송에서 행정처분의 위법 여부는 행정처분이 있을 때의 법령과 사실 상태를 기준으로 판단하여야 하고, 법원은 행정처분 당시 행정청이 알고 있었던 자료뿐만 아니라 사실심 변론종결 당시까지 제출된 모든 자료를 종합하여 처분 당시 존재하였던 객관적 사실을 확정하고 그 사실에 기초하여 처분의 위법 여부를 판단할 수 있다.

[2] 구 재건축초과이익 환수에 관한 법률 제20조에서 개발비용을 뒷받침할 자료의 제출기한을 규정한 취지 및 납부의무자가 개발비용 공제를 위한 자료 제출기한에 관련 자료를 제출하지 않았더라도 재건축부담금 부과처분을 다투는 항고소송에서 그 자료를 증거로 제출할 수 있는지 여부(적극)

구 재건축이익환수법 제20조가 공제할 개발비용의 산정에 필요한 자료의 제출기한을 규정하고 있고, 같은 법 제24조가 그 제출을 게을리한 자에 대하여 과태료를 부과하는 규정을 두고 있기는 하나, 구 재건축이익환수법이 위와 같이 개발비용을 뒷받침할 자료의 제출기한을 규정한 취지는 재건축부담금의 신속한 산정 및 부과를 통한 행정의 원활한 수행을 보장하고자 함에 있을 뿐, 이미 부과된 재건축부담금의 적법 여부를 다투는 항고소송에서 개발비용의 산정에 반영할 수 있는 증명자료의 범위를 제한하려는 것이라고 해석할 수는 없다.

따라서 납부의무자가 개발비용 공제를 위한 자료의 제출기한이 지나도록 관련 자료를 제출하지 않았더라도, 구 재건축이익환수법 제24조에 따라 해태기간에 비례한 과태료가 부과되는 것을 넘어서 재건축부담금 부과처분을 다투는 항고소송에서까지 그 자료를 증거로 제출할 수 없게 되는 것은 아니다.

> **요약**
>
> ❶ 법원은 사실심 변론종결 당시까지 제출된 모든 자료를 종합하여 처분 당시 존재하였던 객관적 사실을 확정하고 그 사실에 기초하여 처분의 위법 여부를 판단할 수 있다.
> ❷ 구 재건축이익환수법상 납부자가 개발비용 공제를 위한 자료의 제출기한을 도과했어도, 이에 대한 항고소송에서는 해당 자료를 제출할 수 있다.

2024년 판례

2025
행정법
최신판례

대법원 2024. 1. 4. 선고 2022두65092 판결

[사실관계]

경기도는 정부의 부동산 정책에 관한 도민의 신뢰를 얻기 위하여 2020. 12. 7.부터 2020. 12. 10.까지 고위공직자(4급 이상 공무원)에 대한 주택보유조사를 실시하였고, 그 연장선에서 2020. 12. 17.부터 2020. 12. 18.까지 4급 승진후보자(5급)에 대하여도 주택보유조사를 실시하였다. 지방행정사무관(5급)으로서 4급 승진후보자였던 원고는 당시 주택 2채(자녀 명의 1채, 매각 진행 중 1채) 및 오피스텔 분양권 2건을 보유하고 있었음에도, 주택보유조사 담당관에게 주택 2채만 보유 중이라는 내용의 답변서를 제출하였다. 원고는 2021. 2. 1. 지방서기관(4급)으로 승진하였는데, 피고(경기도지사)는 주택보유조사 결과를 승진 등 인사자료로 활용하였고, 그 결과 원고와 같이 주택보유조사에 응한 4급 승진후보자 132명 중 다주택 보유자로 신고한 35명은 모두 4급으로 승진하지 못하였다.

피고는 2021. 6. 21. 원고가 주택보유조사 시 오피스텔 분양권 2건을 고의로 누락하여 4급 승진인사에 영향을 미치는 결과를 초래하였다는 이유로 징계의결을 요구하였고, 경기도 인사위원회는 2021. 7. 21. 원고에 대하여 지방공무원법 제48조의 성실의무 위반을 이유로 지방공무원법 제69조 제1항 제1호에 따라 '강등 징계'를 의결하였으며, 피고는 2021. 8. 9. 위 의결에 따라 원고에 대하여 이 사건 강등처분을 하였다.

원고는 이 사건 강등처분에 대하여 소청심사를 청구하였고, 경기도 소청심사위원회는 2021. 9. 27. 이를 기각하였다.

[판결요지]

[1] 헌법 제7조가 보장하는 직업공무원제도의 운영 및 기본적 요소에 해당하는 공무원의 임용·보직·승진에 바탕이 되는 원칙 / 지방공무원법이 정한 신분 보장·승진 등 인사 운영 관련 규정을 해석·적용할 때 고려할 사항

대한민국 헌법(이하 '헌법'이라 한다) 제7조가 정한 직업공무원제도는 공무원이 집권세력의 논공행상의 제물이 되는 엽관제도를 지양하고 정권교체에 따른 국가작용의 중단과 혼란을 예방하며 일관성 있는 공무수행의 독자성을 유지하기 위하여 헌법과 법률에 따라 공무원의 신분이 보장되는 공직구조에 관한 제도이다. 이러한 직업공무원제도를 운영함에 있어서는 인사의 공정성을 유지하는 장치가 중요하고, 공무원의 정치적 중립과 신분보장은 그 핵심적 요소라고 할 수 있다. 특히 직업공무원에게는 정치적 중립과 더불어 공무를 효율적으로 수행할 수 있는 능력이 요구되므로, 헌법 제7조가 보장하는 직업공무원제도의 운영 및 기본적 요소에 해당하는 공무원의 임용·보직·승진에는 공무원의 능력·성적·전문성 등을 반영한 능력주의·성과주의가 바탕이 되어야 한다. 또한, 헌법 제7조 제2항은 '공무원의 신분과 정치적 중립성은 법률이 정하는 바에 의하여 보장된다.'라고 하여, 직업공무원제도가 정치적 중립성과 신분보장을 중추적 요소로 하는 민주적이고 법치주의적인 공직제도임을 천명하면서도 구체적 내용을 법률로 정하도록 위임하였으므로, 이러한 헌법의 위임 및 기속적 방향 제시에 따른 지방공무원법이 정한 신분보장·승진 등 인사 운영 관련 규정을 해석·적용할 때에도 헌법상 직업공무원제도의 취지·목적과 함께 능력주의·성과주의 원칙을 고려하여야 한다.

[2] 지방공무원의 임용권자가 5급 공무원을 4급 공무원으로 승진임용하기 위한 절차와 방법 / 이때 승진임용에 관하여 임용권자에게 부여된 재량권과 한계 / 임용권자가 4급 공무원 승진후보자명부를 작성하거나 승진임용 여부를 심사·결정하는 과정에서 법령상 근거 없이 직무수행능력과 무관한 요소로서 근무성적평정·경력평정 및 능력의 실증에 해당한다고 보기 어려운 사정을 주된 평정 사유로 반영하였거나 이러한 사정을 승진임용에 관한 일률적인 배제사유 또는 소극요건으로 삼을 수 있는지 여부(소극)

지방공무원법 제6조 제1항, 제25조 본문, 제38조 제1항 본문, 제39조 제3항, 제4항, 제5항, 지방공무원 임용령 제31조의2 제1항, 제4항, 제31조의6 제1항, 제32조 제1항, 제2항, 제3항에 따르면, 지방공무원의 임용권자가 5급 공무원을 4급 공무원으로 승진임용을 하기 위해서는 승진 예정 대상자인 5급 공무원에 대하여 직급별로 지방공무원 임용령에서 정한 바에 따라 근무성적평정·경력평정 및 능력의 실증을 반영한 승진후보자명부를 작성하여 인사위원회 사전심의를 거친 다음 승진후보자명부의 높은 순위에 있는 후보자부터 차례로 승진임용 여부를 심사하여 결정해야 한다. 이때 임용권자에게는 승진임용에 관하여 일반 국민에 대한 행정처분이나 공무원에 대한 징계처분에서와는 비교할 수 없을 정도의 매우 광범위한 재량이 부여되어 있으므로 승진후보자명부의 높은 순위에 있는 후보자를 반드시 승진임용해야 하는 것은 아니지만, 승진후보자명부의 작성 또는 승진임용 여부를 심사·결정하는 과정에서 아무런 제한 없는 재량권이 인정되는 것은 아니다. 즉, 임용권자가 승진후보자명부의 작성 및 승진임용을 할 때에는 지방공무원법 제25조, 제38조 제1항 및 제39조 제5항에 따라 근무성적평정·경력평정 및 그 밖의 능력의 실증에 따라야 하는 의무를 부담하므로, 4급 공무원으로 승진임용을 하기 위하여 승진후보자명부를 작성하거나 승진임용 여부를 심사·결정하는 과정에서 법령상 근거 없이 직무수행능력과 무관한 요소로서 근무성적평정·경력평정 및 능력의 실증에 해당한다고 보기 어려운 사정을 주된 평정 사유로 반영하였거나 이러한 사정을 승진임용에 관한 일률적인 배제사유 또는 소극요건으로 삼았다면, 이는 임용권자가 법령상 근거 없이 자신의 주관적 의사에 따라 임용권을 자의적으로 행사한 것으로 헌법상 직업공무원제도의 취지·목적 및 능력주의 원칙은 물론 지방공무원법령 규정에 반하는 것이어서 허용될 수 없다.

요약

❶ 승진임용에 관하여 임용권자에게는 일반 국민에 대한 행정처분이나 공무원에 대한 징계처분에서와는 비교할 수 없을 정도의 매우 광범위한 재량이 부여되어 있다.

❷ 다만, 직무수행능력과 무관한 요소를 승진임용에 관한 일률적인 배제사유 또는 소극요건으로 삼았다면, 이는 임용권자가 법령상 근거 없이 임용권을 자의적으로 행사한 것으로 헌법상 직업공무원제도의 취지·목적 및 능력주의 원칙은 물론 지방공무원법령 규정에 반하는 것이어서 허용될 수 없다.

❸ 법령상 근거가 없는 주택보유현황을 이유로 강등처분을 하는 것은 위법하다.

★ 대법원 2024. 2. 8. 선고 2022두50571 판결

[사실관계]

원고는 피고보조참가인(이하 '참가인'이라고 한다)이 운영하는 ○○대학교(이하 '이 사건 학교'라고 한다) △△대학 □□학과 교수로 근무하던 중 학내 연예인 부정입학 및 부정학위 수여 등의 비위행위를 이유로 2019. 2. 1. 이 사건 학교 총장으로부터 해임처분(이하 '이 사건 해임처분'이라고 한다)을 받았다. 원고는 이 사건 해임처분에 불복하여 2019. 3. 5. 피고(교원소청심사위원회)에게 소청심사를 청구하였다. 피고는 2019. 5. 22. 이 사건 해임처분이 위법하거나 부당하지 않다고 보아 원고의 소청심사청구를 기각하는 결정(이하 '이 사건 결정'이라고 한다)을 하였다. 원고는 2019. 10. 4. 이 사건 결정의 취소를 구하는 이 사건 소를 제기하였다.

한편 원고는 2019. 1. 17. 서울중앙지방법원에서 이 사건 해임처분의 징계사유와 관련한 업무방해죄로 징역 10개월 및 집행유예 2년의 유죄판결을 선고받아 2019. 4. 23. 그 판결이 확정되었다(이하 '관련 형사판결'이라고 한다).

[판결요지]

☐ 사립학교 교원이 소청심사청구를 하여 해임처분의 효력을 다투던 중 형사판결확정 등 당연퇴직사유가 발생하여 교원의 지위를 회복할 수 없더라도 해임처분이 취소되거나 변경되면 해임처분일부터 당연퇴직사유 발생일까지 기간에 대한 보수 지급을 구할 수 있는 경우, 소청심사청구를 기각한 교원소청심사위원회 결정의 취소를 구할 법률상 이익이 있는지 여부(적극)

교원소청심사제도에 관한 '교원의 지위 향상 및 교육활동 보호를 위한 특별법'의 규정 내용과 목적 및 취지 등을 종합적으로 고려하면, <u>사립학교 교원이 소청심사청구를 하여 해임처분의 효력을 다투던 중 형사판결 확정 등 당연퇴직사유가 발생하여 교원의 지위를 회복할 수 없더라도, 해임처분이 취소되거나 변경되면 해임처분일부터 당연퇴직사유 발생일까지의 기간에 대한 보수 지급을 구할 수 있는 경우에는 소청심사청구를 기각한 교원소청심사위원회 결정의 취소를 구할 법률상 이익이 있다.</u> 그 이유는 다음과 같다.

1) 사립학교 교원은 해임처분의 효력이 없을 경우 해임처분일부터 당연퇴직사유의 발생으로 임용관계가 종료될 때까지 보수를 청구할 권리를 갖게 되므로, 해임처분이 무효인지 여부는 보수지급청구권의 존부와 직결된다. <u>사립학교 교원이 행정소송에서 소청심사청구 기각결정에 대한 취소판결을 받을 경우 그 취소판결의 기속력 등에 의하여 해임처분의 효력은 소멸될 수 있다. 따라서 사립학교 교원이 해임처분으로 교원이라는 지위 외에도 그 지위를 전제로 한 보수를 지급받을 권리 또는 이익에도 영향을 받을 경우에는 소청심사청구 기각결정의 취소를 구하는 행정소송을 유지할 법률상 이익이 있다고 보아야 한다.</u>

2) 절차경제적 측면에서 보더라도, 사립학교 교원이 신속한 구제를 받기 위하여 행정적 구제절차인 교원소청심사제도를 이용하였는데 중간에 임용관계가 종료되었다는 이유로 그 청구인을 구제절차 및 쟁송절차에서 배제하여 그동안 당사자들이 한 주장과 증거제출, 교원소청심사위원회가 진행한 사실조사 및 심사, 법원의 심리 등을 모두 무위로 돌리는 것은 바람직하지 않다. 따라서

비록 원직복직이 불가능하더라도 사립학교 교원이 해임기간 중의 보수를 지급받을 여지가 있다면, 분쟁의 신속하고 효율적인 해결을 위해서 소의 이익을 인정하는 것이 타당하다.

3) 해임기간 중의 보수 상당액을 지급받기 위하여 민사소송을 제기할 수 있다는 사정이 소의 이익을 부정할 이유가 되지는 않는다. 교원지위법은 민사소송을 통한 통상적인 권리구제방법에 따른 소송절차의 번잡성, 절차의 지연, 과다한 비용부담 등의 폐해를 지양하고 신속·간이하며 경제적인 권리구제를 도모하기 위하여 교원소청심사제도를 마련한 것으로 보인다. 따라서 사립학교 교원이 해임기간 중 받지 못한 보수를 지급받기 위하여 민사소송을 제기할 수 있음은 물론이지만, 그와 별개로 교원소청심사제도 및 행정소송을 통해 해임이 위법함을 확인받는 방법으로 보수 상당액의 손실을 사실상 회복할 수 있도록 할 필요가 있다.

4) 대법원은 국공립학교 교원(대법원 2009. 1. 30. 선고 2007두13487 판결, 대법원 2012. 2. 23. 선고 2011두5001 판결 등)이나 근로자(대법원 2020. 2. 20. 선고 2019두52386 전원합의체 판결)가 행정소송 계속 중에 원직복직이 불가능해진 경우에도 해임기간 또는 해고기간 중의 보수 내지 임금을 지급받을 이익을 법률상 이익으로 보아 소의 이익을 인정하고 있다. 사립학교 교원은 신분이 보장되는 교육공무원에 준하는 지위를 갖는다고 볼 수 있으므로, 그 형평이나 균형상 소의 이익을 판단할 때 국공립학교 교원 및 근로자의 경우와 유사하게 취급할 필요가 있다.

요약

> 사립학교 교원이 소청심사청구를 하여 해임처분의 효력을 다투던 중 당연퇴직사유가 발생하여 교원의 지위를 회복할 수 없더라도 소청심사청구를 기각한 교원소청심사위원회 결정의 취소를 구할 법률상 이익이 있다.

대법원 2024. 2. 8. 선고 2020다209938 판결

[사실관계]

2015. 1. 10. 의정부시 (주소 생략)에 있는 (아파트명 생략)아파트(이하 '이 사건 아파트'라 한다)에서 화재가 발생하였다(이하 '이 사건 화재'라 한다). 당시 이 사건 아파트 3층부터 10층까지의 계단실 방화문이 열려 있어 이를 통해 화재가 건물 내부와 상층부로 확산되었다. 이 사건 화재로 이 사건 아파트 거주자들이 다수 사망하였다. 원고들은 이 사건 화재로 사망한 거주자들의 유족들이다.

이 사건 화재가 발생하기 전 피고(경기도)는 의정부소방서 관내 특별소방대상물에 관한 소방특별조사를 지시하였고, 의정부소방서에서 근무하던 소방공무원 소외 1과 소외 2는 2014. 10. 15. 이 사건 아파트에 관한 소방특별조사(이하 '이 사건 조사'라 한다)를 실시하였는데, 방화문에 도어클로저가 설치되지 않았음을 확인하지 않았고 이에 관한 시정명령 등의 지도·감독도 하지 않았다.

[판결요지]

아파트에서 화재가 발생하였고 당시 계단실 방화문이 열려 있어 이를 통해 화재가 건물 내부와 상층부로 확산됨에 따라 아파트 거주자들이 다수 사망하였는데, 화재가 발생하기 전 갑 지방자치단체 소속 소방공무원인 을 등은 위 아파트에 관한 소방특별조사를 실시하였으나 방화문에 도어클로저가 설치되었는지를 조사하지 아니하였고, 이에 화재로 사망한 거주자들의 유족인 병 등이 갑 지방자치단체를 상대로 손해배상을 구한 사안에서, 방화문에 도어클로저가 설치되었는지는 방화시설의 설치·유지 및 관리에 관한 사항으로 구 소방시설 설치·유지 및 안전관리에 관한 법률 등에 따라 소방특별조사를 실시하는 경우 반드시 조사하여야 하는 항목이 아니라 조사의 목적을 달성하기 위해 필요한 경우에 실시할 수 있는 조사항목으로 보이므로, 소방특별조사 당시 도어클로저 설치 여부가 조사항목에 포함되어 있지 않았다면 특별한 사정이 없는 한 을 등이 이를 확인하지 않았다고 하더라도 소방특별조사에 관한 직무상 과실이 있다고 보기는 어렵다고 한 사례.

> **요약**
>
> 방화문에 도어클로저가 설치되었는지는 방화시설의 설치·유지 및 관리에 관한 사항으로 구 소방시설 설치·유지 및 안전관리에 관한 법률 등에 따라 소방특별조사를 실시하는 경우 반드시 조사하여야 하는 항목이 아니다. 따라서 이를 확인하지 않았다고 하더라도 소방특별조사에 관한 직무상 과실이 있다고 보기는 어렵다.

대법원 2024. 2. 29. 선고 2020두54029 판결

[사실관계]

피고(대구광역시 서구청장)는 2019. 3. 11. 원고에 대하여, 원고(OO택시협동조합)가 소속 택시운수종사자들에게 택시 구입비, 보험료, 유류비 등을 부담시켜 택시운송사업의 발전에 관한 법률(이하 '택시발전법'이라 한다) 제12조 제1항의 운송비용 전가금지의무를 위반(2차)하였다는 이유로 같은 법 제18조 제1항에 따라 (차량번호 1 생략) 외 206대 차량에 대하여 각 90일의 사업정지처분(이하 '기존 처분'이라 한다)을 하였다.

원고는 기존 처분에 불복하여 이 사건 소를 제기하였고, 피고는 소송계속 중이던 2019. 7. 31. 재판부의 조정권고안을 수용하여 기존 처분을 원고의 운송비용 전가금지위반(1차)을 이유로 하는 경고처분(이하 '이 사건 처분'이라 한다)으로 변경하였다.

[판결요지]

❑ 택시운송사업자인 협동조합이 택시운송사업의 운전업무에 종사하는 조합원에게 택시운송사업의 발전에 관한 법률 제12조 제1항 각호에서 정한 택시 구입비, 유류비, 세차비 등을 부담시키는 것이 위 조항 위반행위에 해당하는지 여부(원칙적 적극)

택시운송사업의 발전에 관한 법률(이하 '택시발전법'이라 한다) 제12조 제1항은 택시운송사업자가 택시의 구입 및 운행에 드는 비용인 택시 구입비, 유류비 등을 택시운수종사자에게 부담시키지 않도록 규정하고 있다. 택시발전법 제12조 제1항의 취지는 택시운수종사자가 부당한 경제적 부담을 지지 않도록 함으로써 열악한 근무여건에서 초래되는 과속운행, 난폭운전, 승차거부 등을 미연에 방지하여 승객들이 보다 안전하게 대중교통을 이용할 수 있는 환경을 만들기 위한 것에 있다.

협동조합 기본법(이하 '협동조합법'이라 한다)은 자주적·자립적·자치적인 협동조합 활동을 촉진하기 위한 목적 등으로 마련된 법률로 협동조합의 설립·운영 등에 관한 기본적인 사항을 규정하고 있다(제1조). 협동조합은 재화 또는 용역의 구매·생산 등을 협동으로 영위함으로써 조합원의 권익을 향상하기 위한 사업조직이고(제2조 제1호), 이는 협동조합의 설립 목적에 동의하고 그에 따른 의무를 다하고자 하는 조합원들로 구성된다(제15조 제1항, 제20조). 협동조합법은 협동조합의 설립 목적 달성을 위하여 필요한 사업을 협동조합으로 하여금 자율적으로 정관으로 정하도록 하면서도(제45조 제1항), 협동조합의 사업은 관계 법령에서 정하는 목적·요건·절차·방법 등에 따라 적법하고 타당하게 시행되어야 한다고 규정하고 있다(제45조 제2항). 따라서 협동조합의 설립·운영 등에 관한 기본적인 사항에 대하여 협동조합법에서 정하고 있는 것과는 별개로, 협동조합이 목적사업을 수행하는 과정에서 발생하는 협동조합과 조합원 사이의 법률관계는 해당 목적사업을 규율하는 관계 법령에서 정한 바에 의하여야 한다.

이와 같은 택시발전법, 협동조합법의 규정 내용에다가 택시발전법 제12조 제1항의 입법 취지 등을 종합하면, 협동조합법에 따라 설립된 협동조합이 택시운송사업면허를 받아 택시운송사업을 경영하는 경우, 협동조합은 택시운송사업자로서 택시발전법 등 관계 법령에서 정한 택시운송사업자의 의무 사항을 준수해야 한다.

그렇다면 택시운송사업자인 협동조합이 택시운송사업의 운전업무에 종사하는 조합원에게 택시발전법 제12조 제1항 각호에서 정한 택시 구입비, 유류비, 세차비 등을 부담시키는 것은 특별한 사정이 없는 한 택시발전법 제12조 제1항 위반행위에 해당한다.

> **요약**
>
> ❶ 협동조합법에 따라 설립된 협동조합이 택시운송사업면허를 받아 택시운송사업을 경영하는 경우, 협동조합은 택시운송사업자로서 택시발전법 등 관계 법령에서 정한 택시운송사업자의 의무 사항을 준수해야 한다.
>
> ❷ 택시운송사업자인 협동조합이 택시운송사업의 운전업무에 종사하는 조합원에게 택시 구입비, 유류비, 세차비 등을 부담시키는 것은 택시발전법 제12조 제1항 위반행위에 해당한다.

대법원 2024. 3. 12. 선고 2021두58998 판결

[사실관계]

원고는 이 사건 건물(호수 1 생략)의 구분소유자이고, 피고보조참가인(이하 '참가인'이라 한다)들은 이 사건 건물(호수 2 생략)을 공유하고 있다. 이 사건 벽체는 이 사건 건물 (호수 2 생략) 발코니에 설치되어 있었고, 그 위 5층의 베란다를 지지하고 있었다. 한편 건축물을 대수선하려는 자는 시장·군수·구청장의 허가를 받아야 하고(건축법 제11조 제1항), 이때 대수선의 범위에는 내력벽을 해체하거나 그 벽면적을 30㎡ 이상 수선 또는 변경하는 행위가 포함되는데(건축법 제2조 제1항 제9호, 건축법 시행령 제3조의2 제1호), 이 사건 벽체는 피고(서울특별시 강남구청장)의 허가 없이 해체되었다.

이에 원고는 2019. 8. 6. 피고에게 내력벽인 이 사건 벽체가 건축법령을 위반하여 해체되었다는 취지의 민원을 제기하였다. 피고는 2019. 8. 7. 참가인들에게 이 사건 벽체를 자진하여 원상복구하라는 취지로 안내하였다. 그러나 피고는 2019. 10. 15. 참가인들에게, 이 사건 벽체를 해체한 행위가 건축법 제22조에 따라 사용승인 처리되었고, 건축법령을 위반한 사항이 종결되었다는 취지의 공문을 보냈다(이하 '이 사건 처분'이라 한다).

[판결요지]

[1] 건축법령상 대수선에서 말하는 '내력벽'의 의미 및 공동주택 내부에 설치된 벽체가 내력벽에 해당하는지 판단하는 방법

건축법상 허가 또는 신고 대상행위인 '대수선'이란 건축물의 기둥, 보, 내력벽, 주계단 등의 구조나 외부 형태를 수선·변경하거나 증설하는 것으로서 대통령령으로 정하는 것을 말한다(건축법 제2조 제1항 제9호). 내력벽을 증설 또는 해체하거나 그 벽면적을 30㎡ 이상 수선 또는 변경하는 것으로서 증축·개축 또는 재축에 해당하지 않는 것은 대수선에 포함된다(건축법 시행령 제3조의2 제1호). 여기에서 '내력벽'이란 일반적으로 건축물의 하중을 견디거나 전달하기 위한 벽체로서, 공동주택 내부에 설치된 벽체가 내력벽에 해당하는지는 건물 전체의 구조와 외부 형태, 벽체의 구조와 설계·시공상의 취급, 벽체에 미치는 하중의 방향과 크기 등을 종합적으로 고려하여 판단되어야 하고, 해당 벽체를 제거하였을 때 건축물의 구조안전에 구체적 위험이 초래되지 않는다는 사정만으로 그 벽체가 내력벽에 해당하지 않는다고 섣불리 단정할 수 없다.

[2] 집합건물에서 건물의 골격을 이루는 외벽이 구분소유권자의 전원 또는 일부의 공용에 제공되는 부분인지 판단하는 기준

집합건물에서 건물의 안전이나 외관을 유지하기 위하여 필요한 지주, 지붕, 외벽, 기초공작물 등은 구조상 구분소유자의 전원 또는 일부의 공용에 제공되는 부분으로서 구분소유권의 목적이 되지 않으며 건물의 골격을 이루는 외벽이 구분소유권자의 전원 또는 일부의 공용에 제공되는지는 그것이 1동 건물 전체의 안전이나 외관을 유지하기 위하여 필요한 부분인지에 따라 결정되어야 하고 그 외벽의 바깥쪽 면도 외벽과 일체를 이루는 공용부분이다.

[3] 집합건물 공용부분의 대수선과 관련한 행정청의 허가, 사용승인 등 일련의 처분에 관하여 처분의 직접 상대방 외에 해당 집합건물의 구분소유자에게도 취소를 구할 원고적격이 인정되는지 여부(적극)

집합건물의 소유 및 관리에 관한 법률(이하 '집합건물법'이라 한다)상 집합건물의 공용부분은 구분소유자 전원 또는 일부의 공용에 제공되는 것으로 구분소유자 전원의 각 전유부분 면적비율에 따른 공유에 속하고(집합건물법 제3조, 제10조, 제12조), 각 공유자는 공용부분을 그 용도에 따라 사용할 수 있다(집합건물법 제11조).

건축법은 집합건물의 공용부분을 대수선하려는 자로 하여금 구분소유자 전원을 구성원으로 하는 관리단집회에서 구분소유자 2/3 이상 및 의결권 2/3 이상의 결의로써 그 대수선에 동의하였다는 사정을 증명해야 대수선에 관한 허가를 받을 수 있도록 규정하고 있다(건축법 제11조 제11항 제5호, 집합건물법제15조 제1항). 이와 같은 건축법 규정은 구분소유자들이 공유하고 각자 그 용도에 따라 사용할 수 있는 공용부분의 대수선으로 인하여 공용부분의 소유·사용에 제한을 받을 수 있는 구분소유자의 개별적 이익을 구체적이고 직접적으로 보호하는 규정으로 볼 수 있다.

따라서 집합건물 공용부분의 대수선과 관련한 행정청의 허가, 사용승인 등 일련의 처분에 관하여는 처분의 직접 상대방 외에 해당 집합건물의 구분소유자에게도 취소를 구할 원고적격이 인정된다고 보는 것이 타당하다.

요약

집합건물 공용부분의 대수선과 관련한 행정청의 허가, 사용승인 등 일련의 처분에 관하여는 처분의 직접 상대방 외에 해당 집합건물의 구분소유자에게도 취소를 구할 원고적격이 인정된다.

대법원 2024. 3. 12. 선고 2022두60011 판결

[사실관계]

원고 1, 원고 2는 대한민국 국적인 부 소외 1과 당시 중화인민공화국(이하 '중국'이라 한다) 국적이었던 모 소외 2 사이에 출생하였는데, 원고들의 출생 당시 소외 1과 소외 2는 법적으로 혼인한 상태가 아니었다. 원고들의 부는 2001. 6. 14. 원고들에 대한 출생신고를 하였고, 그 무렵 원고들이 대한민국 국적을 취득하였음을 전제로 주민등록번호가 부여되었으며, 2008. 1. 1. 「가족관계의 등록 등에 관한 법률」이 시행됨에 따라 원고들이 대한민국 국적자임을 전제로 원고들에 대한 가족관계등록부도 작성되었다. 원고들의 부모는 2008. 12. 23. 혼인신고를 하였는데, 관할 행정청은 원고들에 대한 출생신고가 '외국인 모와의 혼인외자의 출생신고'에 해당하여 정정 대상이라는 이유로 2009. 2. 13. 원고들의 가족관계등록부를 말소하였다. 이에 원고들의 부 소외 1은 2009. 5. 8. 원고들에 대한 인지신고를 하였다. 원고들은 소외 1의 가족관계등록부에 소외 1의 자녀로 등재되었으나, 그 국적이 중국으로 표시되었고 원고들의 가족관계등록부는 별도로 작성되지 않았다. 원고들이 각각 17세가 되던 해인 2015년, 2017년에 원고들에게 주민등록증이 발급되었다. 원고들의 모 소외 2는 2017. 2. 13. 대한민국 국민으로 귀화하였는데, 당시 미성년자였던 원고들은 국적법 제8조에서 정한 국적 수반취득 절차를 진행하지 않았다.

한편 출입국·외국인정책본부는 2013. 5. 28. 및 2017. 2. 8. 두 차례에 걸쳐 원고들의 부모에게 원고들이 대한민국 국적을 취득하지 못하였음을 전제로 국적법 제3조에서 정한 인지에 의한 국적 취득 절차를 진행하여야 한다는 점을 안내하였다. 원고들은 성인이 된 이후인 2019. 1. 8. 피고(법무부장관)에게 국적법 제20조에 따라 국적보유판정을 신청하였으나, 피고는 원고들이 대한민국 국적 보유자가 아니라는 이유로 2019. 10. 1. 원고들에게 국적비보유 판정(이하 '이 사건 판정'이라 한다)을 하였다.

[판결요지]

[1] 행정청의 행위에 대하여 신뢰보호의 원칙이 적용되기 위한 요건 및 행정청의 공적 견해표명이 있었는지 판단하는 방법

일반적으로 행정상의 법률관계에서 행정청의 행위에 대하여 신뢰보호의 원칙이 적용되기 위하여는, 첫째 행정청이 개인에 대하여 신뢰의 대상이 되는 공적인 견해표명을 하여야 하고, 둘째 행정청의 견해표명이 정당하다고 신뢰한 데에 대하여 그 개인에게 귀책사유가 없어야 하며, 셋째 그 개인이 그 견해표명을 신뢰하고 이에 기초하여 어떠한 행위를 하였어야 하고, 넷째 행정청이 위 견해표명에 반하는 처분을 함으로써 그 견해표명을 신뢰한 개인의 이익이 침해되는 결과가 초래되어야 하는바, 어떠한 행정처분이 이러한 요건을 충족하는 때에는 공익 또는 제3자의 정당한 이익을 현저히 해할 우려가 있는 경우가 아닌 한 신뢰보호의 원칙에 반하는 행위로서 위법하다.

한편 행정청의 공적 견해표명이 있었는지를 판단할 때에는 반드시 행정조직상의 형식적인 권한 분장에 구애될 것은 아니고, 담당자의 조직상의 지위와 임무, 해당 언동을 하게 된 구체적인 경위 및 그에 대한 상대방의 신뢰가능성에 비추어 실질에 의하여 판단해야 한다.

[2] 법적으로 혼인한 상태가 아닌 대한민국 국적인 부와 중화인민공화국 국적인 모 사이에 출생한 甲과 乙이 출생신고에 따라 주민등록번호를 부여받고 가족관계등록부에 등록되었으며 각각 17세 때 주민등록증을 발급받았는데, 관할행정청이 '외국인 모와의 혼인외자 출생신고'라며 가족관계등록부를 말소하고 출입국관리 행정청이 부모들에게 甲과 乙에 대한 국적 취득 절차를 안내했음에도 이를 진행하지 않다가 성년이 된 후 국적법에 따라 국적보유판정을 신청했으나, 법무부장관이 대한민국 국적 보유자가 아니라는 이유로 甲과 乙에게 국적비보유 판정을 한 사안에서, 위 판정은 甲과 乙의 신뢰에 반하여 이루어진 것으로 신뢰보호의 원칙에 위배된다고 한 사례

법적으로 혼인한 상태가 아닌 대한민국 국적인 부와 중화인민공화국 국적인 모 사이에 출생한 甲과 乙이 출생신고에 따라 주민등록번호를 부여받고 가족관계등록부에 등록되었으며 각각 17세 때 주민등록증을 발급받았는데, 관할 행정청이 '외국인 모와의 혼인외자 출생신고'라며 가족관계등록부를 말소하고 출입국관리 행정청이 부모들에게 甲과 乙에 대한 국적 취득 절차를 안내했음에도 이를 진행하지 않다가 성년이 된 후 국적법 제20조에 따라 국적보유판정을 신청했으나, 법무부장관이 대한민국 국적 보유자가 아니라는 이유로 甲과 乙에게 국적비보유 판정을 한 사안에서, 주민등록번호와 주민등록증은 외부에 공시되어 대내외적으로 행정행위의 적법한 존재를 추단하는 중요한 근거가 되는 점에 비추어 행정청이 공신력 있는 주민등록번호와 이에 따른 주민등록증을 부여한 행위는 甲과 乙에게 대한민국 국적을 취득하였다는 공적인 견해를 표명한 것인 점, 미성년자였던 甲과 乙이 자신들이 대한민국 국적을 보유하고 있음을 전제로 반복적으로 이루어진 행정행위를 신뢰하여 국적법 제3조 및 제8조에 따른 국적 취득 절차를 진행하지 않은 채 성인이 된 점, 성인이 된 甲과 乙은 위 판정으로 이제는 국적법 제3조, 제8조에 따라 간편하게 국적을 취득할 기회를 상실하게 되었고, 평생 보유했다고 여긴 대한민국 국적이 부인되고 국적의 취득 여부가 불안정한 상황에 놓이게 된 결과 자신들이 출생하고 성장한 대한민국에 체류할 자격부터 변경되는 등 평생 이어온 생활의 기초가 흔들리는 중대한 불이익을 입게 된 점, 출입국관리 행정청으로부터 부모가 아닌 甲과 乙에 대하여도 국적 취득이 필요하다는 안내가 이루어졌다고 볼 만한 자료가 없는 이상 甲과 乙이 대한민국 국적을 취득하였다고 신뢰한 데에 귀책사유가 있다고 보기 어려운 점을 종합하면, 위 판정은 甲과 乙의 신뢰에 반하여 이루어진 것으로 신뢰보호의 원칙에 위배된다고 한 사례.

요약

법적 부부가 아닌 외국국적자로부터 출생한 자가 주민등록번호를 부여받고 주민등록증을 발급받은 후에 행정청이 국적비보유 판정을 했다면 신뢰보호원칙에 위배된다.

대법원 2024. 3. 12. 선고 2020다290569 판결

[판결요지]

[1] 사법경찰관의 수사활동이나 수사과정에서 이루어지는 판단·처분 등이 위법하다고 평가되는 경우 및 이는 후일 범죄사실의 존재를 증명함에 충분한 증거가 없다는 등의 이유로 검사의 불기소처분이 있거나 법원의 무죄판결이 선고·확정되더라도 마찬가지인지 여부(적극)

수사기관으로서 피의사건을 조사하여 진상을 명백히 하는 구체적인 직무를 수행하는 사법경찰관으로서는 제반 상황에 대응하여 자신에게 부여된 권한을 적절하게 행사할 수 있고, 이러한 권한은 일반적으로 사법경찰관의 합리적인 재량에 위임되어 있다고 볼 수 있다. 그러므로 사법경찰관의 수사활동이나 수사과정에서 이루어지는 판단·처분 등이 위법하다고 평가되기 위하여는 사법경찰관에게 이러한 권한을 부여한 형사소송법 등의 관련 법령의 취지와 목적에 비추어 구체적인 사정에 따라 사법경찰관의 수사활동·판단·처분 등이 경험칙이나 논리칙에 비추어 도저히 그 합리성을 긍정할 수 없는 정도에 이르렀다고 인정되는 경우라야 한다. 후일 그 범죄사실의 존재를 증명함에 충분한 증거가 없다는 등의 이유로 검사의 불기소처분이 있거나 법원의 무죄판결이 선고·확정되더라도 마찬가지다.

[2] 사법경찰관이 수사를 통해 검사의 영장 청구에 관한 판단이나 판사의 영장 발부에 관한 결정에 영향을 줄 수 있는 증거나 자료를 확보하고도 증거나 자료를 일부라도 누락하거나 조작하는 등 사법경찰관의 독자적인 위법행위가 인정되지 않은 경우, '판사의 영장 발부에 관한 결정'이나 '영장의 집행 결과에 따른 피의자의 체포 내지 구속 그 자체'에 관련해서 사법경찰관의 수사활동이나 판단·처분 등이 위법하다고 평가할 수 있는지 여부(원칙적 소극)

검사는 관할 지방법원 판사에게 청구하여 체포영장, 구속영장을 발부받아 피의자를 체포, 구속할 수 있고, 사법경찰관은 검사에게 신청하여 검사의 청구로 관할 지방법원 판사의 체포영장, 구속영장을 발부받아 피의자를 체포, 구속할 수 있다(형사소송법 제200조의2 제1항, 제201조 제1항). 체포영장, 구속영장의 청구를 받은 판사는 상당하다고 인정할 때에 이를 발부한다(형사소송법 제200조의2 제2항, 제201조 제4항).

따라서 체포영장 또는 구속영장은 검사의 청구에 의하여 관할 지방법원 판사가 체포, 구속의 사유와 필요성 등을 엄밀하게 심사하거나 심리하여 그 발부 여부를 결정하는 것이므로 검사에게 영장의 청구를 신청할 수 있을 뿐인 사법경찰관의 수사활동이나 판단·처분 등이 곧바로 판사의 영장의 발부 여부에 관한 결정을 기속하거나 좌우하는 것은 아니다. 체포영장 또는 구속영장으로 피의자를 체포, 구속하는 것은 체포영장, 구속영장을 집행한 결과일 뿐이다. 이 점을 고려하면, 사법경찰관이 수사를 통해 검사의 영장 청구에 관한 판단이나 판사의 영장 발부에 관한 결정에 영향을 줄 수 있는 증거나 자료를 확보하였음에도 불구하고 그 증거나 자료를 일부라도 누락하거나 조작하는 경우와 같이 사법경찰관의 독자적인 위법행위가 인정되는 등의 특별한 사정이 없는 한, '판사의 영장 발부에 관한 결정'이나 '영장의 집행 결과에 따른 피의자의 체포 내지 구속 그 자체'에 관련해서는 원칙적으로 사법경찰관의 수사활동이나 판단·처분 등이 위법하다고 평가하기 어렵다.

> **요약**
>
> '판사의 영장 발부에 관한 결정'이나 '영장의 집행 결과에 따른 피의자의 체포 내지 구속 그 자체'에 관련해서는 원칙적으로 사법경찰관의 수사활동이나 판단·처분 등이 위법하다고 평가하기 어렵다.

★ 대법원 2024. 4. 4. 선고 2022두56661 판결

[사실관계]

원고는 C종교단체 신자이다. C종교단체는 금요일 일몰부터 토요일 일몰까지를 종교적 안식일로 여겨 직장·사업·학교 활동 및 시험 응시 등의 세속적 행위를 금지하고 있다. 피고(B대학교 총장)는 2020년 4월경 '2021학년도 법학전문대학원 전문석사 입학전형 기본계획'(이하 '이 사건 기본계획'이라 한다)을, 2020년 6월경 '2021학년도 B대학교 법학전문대학원 신입생 모집요강'(이하 '이 사건 모집요강'이라 한다)을 각 공고하였다. 위 각 공고에 따르면 2021학년도 B대학교 법학전문대학원(이하 'B대 법전원'이라 한다)의 입학생 선발은 서류전형으로 이루어진 1단계 평가를 거친 후 이에 합격한 학생들을 대상으로 면접평가와 논술평가를 실시하여 최종적으로 입학생을 선발하는 두 단계로 이루어진다. 면접평가는 토요일 오전반과 오후반으로 나누어 실시되고, 응시생들은 무작위로 각 면접반에 배정되는데, 면접 결시자는 불합격 처리하도록 되어 있다.

원고는 2021학년도 B대 법전원 전문석사 입학을 위한 입학원서를 제출하였는데, 면접일시가 토요일 일몰 전에 지정될 경우 안식일에 관한 원고의 종교적 신념을 지키면서 면접에 응시할 수 없었다. 이에 원고는 2020년 10월경 국가인권위원회에 대하여, 피고로 하여금 원고의 면접순서를 마지막으로 배치하는 등 원고의 종교적 양심을 제한하지 않을 수 있는 대체조치를 취할 것을 구하는 취지의 진정서를 제출하였다. 국가인권위원회는 2020. 10. 27. 피고에게 이에 관한 심의를 요청하였다. 그럼에도 피고는 2020. 11. 6. 원고에게 1단계 평가에 합격하였다고 통지하면서 원고의 면접고사 일정을 '2020. 11. 21. (토요일) 오전반'으로 지정하였다(이하 '이 사건 면접시간 지정행위'라 한다). 이에 원고는 2020. 11. 11. 피고에게 면접 일정을 토요일 오후 마지막 순번으로 변경하기를 희망한다는 취지의 이의신청서를 제출하였으나, 피고는 2020. 11. 20. 이를 거부하였다(이하 '이 사건 거부행위'라 한다). 원고는 2020. 11. 21. 실시된 2021학년도 B대 법전원 입학생 선발 면접평가(이하 '이 사건 면접'이라 한다)에 응시하지 않았고, 피고는 2020. 12. 10. 원고에 대하여 불합격 통지를 하였다(이하 '이 사건 불합격처분'이라 한다).

[판결요지]

[1] 국립대학교 법학전문대학원 입시 과정에서 제칠일안식일예수재림교 신자들이 종교적 신념을 이유로 불이익을 받게 되는 경우, 총장이 비례의 원칙에 따라 재림교 신자들이 받는 불이익을 해소하기 위한 적극적인 조치를 취할 의무가 있는지 여부(적극)

국립대학교 총장은 공권력을 행사하는 주체이자 기본권 수범자로서의 지위를 갖는다. 그 결과 사적 단체 또는 사인의 경우 차별처우가 사회공동체의 건전한 상식과 법감정에 비추어 볼 때 도저히 용인될 수 있는 한계를 벗어난 경우에 한해 사회질서에 위반되는 행위로서 위법한 행위로 평가되는 것과 달리, 국립대학교 총장은 헌법상 평등원칙의 직접적인 구속을 받고, 국민의 기본권을 보호 내지 실현할 책임과 의무를 부담하므로, 그 차별처우의 위법성이 보다 폭넓게 인정된다.

헌법 제11조 제1항은 "모든 국민은 법 앞에 평등하다. 누구든지 성별·종교 또는 사회적 신분에 의하여 정치적·경제적·사회적·문화적 생활의 모든 영역에 있어서 차별을 받지 아니한다."라고 규정하고 있는데, 여기서 말하는 평등은 형식적 의미의 평등이 아니라 실질적 의미의 평등을 의미한다. 한편 비례의 원칙은 법치국가 원리에서 당연히 파생되는 헌법상의 기본원리로서, 모든 국가작용에 적용된다.

위와 같은 법리에 비추어 볼 때, 국립대학교 법학전문대학원 입시 과정에서 제칠일안식일예수재림교(이하 '재림교'라 한다) 신자들이 종교적 신념을 이유로 결과적으로 불이익을 받게 되는 경우, 이를 해소하기 위한 조치가 공익이나 제3자의 이익을 다소 제한하더라도, 그 제한의 정도가 재림교 신자들이 받는 불이익에 비해 현저히 적다고 인정된다면, 헌법이 보장하는 실질적 평등을 실현할 의무와 책무를 부담하는 국립대학교 총장으로서는 재림교 신자들의 신청에 따라 그들이 받는 불이익을 해소하기 위한 적극적인 조치를 취할 의무가 있다.

[2] 국립대학교 법학전문대학원에 입학원서를 제출한 제칠일안식일예수재림교 신자 갑이 1단계 서류전형 평가 합격 통지와 함께 토요일 오전반으로 면접고사 일정이 지정되자, 토요일 일몰 전에 세속적 행위를 금지하는 안식일에 관한 종교적 신념을 지키기 위해 면접 일정을 토요일 오후 마지막 순번으로 변경해 달라는 취지의 이의신청서를 제출했으나, 총장이 이를 거부하고 면접평가에 응시하지 않은 갑에게 불합격 통지를 한 사안에서, 갑의 면접일시 변경을 거부함으로써 갑이 종교적 신념을 이유로 받게 된 중대한 불이익을 방치한 총장의 행위는 헌법상 평등원칙을 위반한 것으로 위법하고, 위법하게 지정된 면접일정에 응시하지 않았음을 이유로 한 불합격처분은 취소되어야 한다고 한 사례

국립대학교 법학전문대학원에 입학원서를 제출한 제칠일안식일예수재림교 신자 갑이 1단계 서류전형 평가 합격 통지와 함께 토요일 오전반으로 면접고사 일정이 지정되자, 토요일 일몰 전에 세속적 행위를 금지하는 안식일에 관한 종교적 신념을 지키기 위해 면접 일정을 토요일 오후 마지막 순번으로 변경해 달라는 취지의 이의신청서를 제출했으나, 총장이 이를 거부하고 면접평가에 응시하지 않은 갑에게 불합격 통지를 한 사안에서, 면접일시가 토요일 오전으로 정해진 갑이 지역 학생들에게 더 낮은 비용으로 법조인이 될 기회를 제공하고 있는 국립대학교 법학전문대학원에 입학하는 기회를 종교적 신념 때문에 박탈당하는 불이익이 결코 가볍다고 볼 수 없는 점, 지필시험의 경우 문제 유출을 방지하기 위해 모든 응시자들이 동시에 시험에 응시해야 할 공익적 요청이 높으므로 특정 응시자에게만 시험일정을 변경하기 어렵고, 특정 응시자의 종교적 신념을 보장하기 위해 다른 모든 응시자의 시험일정을 일괄적으로 변경할 경우 그로 인해 소요되는 비용과 혼란이 크지만, 면접평가의 경우 개별면접 방식으로 진행되므로 갑 개인의 면접시간만 토요일 일몰 후로 손쉽게 변경할 수 있고, 그 과정에서 다른 응시자들의 면접시간을 변경할 필요도 없는 점, 갑이 일몰 후에 면접을 실시할 수 있도록 늦은 순번으로 면접순번이 지정되더라도 다른 응시자들에 비해 면접평가 준비 시간을 더 많이 받는 등의 부당한 이익을 받는다고 보기도 어려운 점을 종합하면, 종교적 신념에 따라 갑이 입는 불이익을 해소하기 위해 면접시간을 변경하더라도 그로 인해 제한되는 공익이나 제3자의 이익은 갑이 받는 불이익에 비해 현저히 적음에도, 갑의 면접일시 변경을 거부함으로써 갑이 종교적 신념을 이유로 받게 된 중대한 불이익을 방치한 총장의 행위는 헌법상 평등원칙을 위반한 것으로 위법하고, 위법하게 지정된 면접일정에 응시하지 않았음을 이유로 한 불합격처분은 적법한 처분사유가 존재한다고 볼 수 없어 취소되어야 한다고 한 사례.

> **요약**
>
> 국립대학교 총장은 입시전형과정 중 특정 종교의 신자들이 종교적 신념을 이유로 결과적인 불이익을 받게 될 경우 이를 해소할 적극적인 조치를 취할 의무가 있다.

대법원 2024. 4. 25. 자 2023마8009 결정

[판결요지]

□ 문서의 제출을 거부할 수 있는 예외사유로서 민사소송법 제344조 제2항에서 정한 '공무원 또는 공무원이었던 사람이 그 직무와 관련하여 보관하거나 가지고 있는 문서'의 의미(=국가기관이 보유·관리하는 공문서) 및 이러한 공문서의 공개는 공공기관의 정보공개에 관한 법률에서 정한 절차와 방법으로 하여야 하는지 여부(적극) / 금융감독원 직원이 직무상 작성하여 관리하고 있는 문서가 이에 준하여 공개 여부가 결정되어야 하는지 여부(적극) 및 문서의 소지자는 그 제출을 거부할 수 있는지 여부(적극)

민사소송법 제344조 제2항은[2] 같은 조 제1항에서 정한 문서에 해당하지 아니한 문서라도 문서의 소지자는 원칙적으로 그 제출을 거부하지 못하나, 다만 '공무원 또는 공무원이었던 사람이 그 직무와 관련하여 보관하거나 가지고 있는 문서'는 예외적으로 제출을 거부할 수 있다고 규정하고 있다. 여기서 말하는 '공무원 또는 공무원이었던 사람이 그 직무와 관련하여 보관하거나 가지고 있는 문서'란 국가기관이 보유·관리하는 공문서를 의미하고, 이러한 공문서의 공개는 공공기관의 정보공개에 관한 법률(이하 '정보공개법'이라고 한다)에서 정한 절차와 방법으로 하여야 할 것이다.

한편 금융감독원은 금융위원회나 증권선물위원회의 지도·감독을 받아 금융기관에 대한 검사·감독 업무 등을 수행하기 위하여 금융위원회의 설치 등에 관한 법률에 의하여 설립된 무자본 특수법인으로 중앙행정기관인 금융위원회 등의 권한을 위탁받아 자본시장의 관리·감독 및 감시 등에 관한 사항에 대한 업무를 처리할 수 있다. 또한 정보공개법 제2조 제3호 (마)목, 공공기관의 정보공개에 관한 법률 시행령 제2조 제4호에 의하면, 금융감독원은 특별법에 따라 설립된 특수법인으로서 정보공개법에서 정한 공공기관에 해당하고, 금융감독원이 직무상 작성 또는 취득하여 관리하고 있는 문서에 대하여는 정보공개법이 적용된다.

따라서 금융감독원 직원이 직무상 작성하여 관리하고 있는 문서는 민사소송법 제344조 제2항이 적용되는 문서 중 예외적으로 제출을 거부할 수 있는 '공무원 또는 공무원이었던 사람이 그 직무와 관련하여 보관하거나 가지고 있는 문서'에 준하여 정보공개법에서 정한 절차와 방법에 의하여 공개 여부가 결정될 필요가 있고, 문서의 소지자는 그 제출을 거부할 수 있다고 할 것이다.

요약

❶ 금융감독원은 특별법에 따라 설립된 특수법인으로서 정보공개법에서 정한 공공기관에 해당한다.

❷ 금융감독원 직원이 직무상 작성하여 관리하고 있는 문서는 정보공개법에서 정한 절차와 방법에 의하여 공개 여부가 결정될 필요가 있고, 문서의 소지자는 그 제출을 거부할 수 있다.

---

2) 민사소송법 제344조(문서의 제출의무) ② 제1항의 경우 외에도 문서(공무원 또는 공무원이었던 사람이 그 직무와 관련하여 보관하거나 가지고 있는 문서를 제외한다)가 다음 각호의 어느 하나에도 해당하지 아니하는 경우에는 문서를 가지고 있는 사람은 그 제출을 거부하지 못한다.
  1. 제1항제3호나목 및 다목에 규정된 문서
  2. 오로지 문서를 가진 사람이 이용하기 위한 문서

대법원 2024. 4. 16. 선고 2022두57138 판결

[사실관계]

피고보조참가인(이하 '참가인'이라 한다)은 「교원의 노동조합 설립 및 운영 등에 관한 법률」(이하 '교원노조법'이라 한다)에 의하여 설립신고를 마친 교원노동조합이다. 참가인은 2013. 7. 31.부터 2021. 4. 28.까지 원고 대전광역시 교육감(이하 '원고 교육감'이라 한다)과 단체교섭을 진행하였으나 합의에 이르지 못하자, 2021. 4. 30. 중앙노동위원회에 교원노조법 제9조에 따른 노동쟁의 조정신청을 하였다. 중앙노동위원회는 2021. 5. 13.부터 2021. 5. 31.까지 조정절차를 진행하였으나, 참가인과 원고 교육감이 모두 중앙노동위원회가 제시한 조정안을 거부하여 조정을 종료하고, 2021. 6. 1. 교원노조법 제10조에 따른 중재를 개시하였다. 중앙노동위원회는 2021. 6. 15. 원심판결문 별지 2 기재와 같은 내용의 중재재정(이하 '이 사건 중재재정'이라 한다)을 하였다. 이 사건 중재재정서에는 사용자(조정피신청인)의 표시가 '대전광역시교육청'으로 기재되어 있다.

원고들은 주위적으로 이 사건 중재재정은 권리의무의 주체가 될 수 없는 원고 대전광역시교육청(이하 '원고 교육청'이라 한다)을 교섭당사자로 한 절차상 중대·명백한 하자가 있어 무효라고 주장하면서 이 사건 중재재정의 무효확인을 청구하고, 예비적으로 이 사건 중재재정의 각 조항들은 교원노조법 제6조 제1항에서 정한 교섭대상에 해당하지 않아 위법하거나 월권에 의한 것이라고 주장하면서 이 사건 중재재정의 취소를 청구하는 이 사건 소를 제기하였다. 한편 이 사건 중재재정 제31조는 이 사건 중재재정의 유효기간을 2021. 6. 15.부터 2022. 6. 14.까지로 명시하고 있고, 원고 교육감은 그 유효기간 내인 2021. 7. 26. 이 사건 소를 제기하였으나 이 판결 선고일인 2024. 4. 16. 현재 이 사건 중재재정의 효력이 소멸하였다.

[판결요지]

[1] 행정처분의 무효확인 또는 취소를 구하는 소송계속 중 해당 행정처분이 기간의 경과 등으로 효과가 소멸하여 처분이 취소되어도 원상회복이 불가능하다고 보이는 경우라도 예외적으로 처분의 취소를 구할 소의 이익이 인정되는 경우 및 그 예외 중 하나인 '그 행정처분과 동일한 사유로 위법한 처분이 반복될 위험성이 있는 경우'의 의미 / 중재재정에 대한 무효확인 또는 취소를 구하는 소의 경우에도 위 법리가 마찬가지로 적용되는지 여부(적극)

행정처분의 무효확인 또는 취소를 구하는 소가 제소 당시에는 소의 이익이 있어 적법했는데, 소송계속 중 해당 행정처분이 기간의 경과 등으로 그 효과가 소멸한 때에 처분이 취소되어도 원상회복이 불가능하다고 보이는 경우라도, 무효확인 또는 취소로써 회복할 수 있는 다른 권리나 이익이 남아 있거나 또는 그 행정처분과 동일한 사유로 위법한 처분이 반복될 위험성이 있어 행정처분의 위법성 확인 내지 불분명한 법률문제에 대한 해명이 필요한 경우에는 행정의 적법성 확보와 그에 대한 사법통제, 국민의 권리구제 확대 등의 측면에서 예외적으로 그 처분의 취소를 구할 소의 이익을 인정할 수 있다. 여기에서 '그 행정처분과 동일한 사유로 위법한 처분이 반복될 위험성이 있는 경우'란 불분명한 법률문제에 대한 해명이 필요한 상황에 관한 대표적인 예시일 뿐이며, 반드시 '해당 사건의 동일한 소송 당사자 사이에서' 반복될 위험이 있는 경우만을 의미하는 것은 아니다. 이러한 법리는 행정처분의 일종인 중재재정에 대한 무효확인 또는 취소를 구하는 소의 경우에도 마찬가지로 적용된다.

[2] 중재재정에 대한 불복사유인 중앙노동위원회 중재재정의 '위법' 또는 '월권'의 의미 및 중재재정이 단순히 어느 노사 일방에 불리하거나 불합리한 내용이라는 사유만으로 불복할 수 있는지 여부(소극)

교원의 노동조합 설립 및 운영 등에 관한 법률(이하 '교원노조법'이라 한다)은 교원노동조합과 사용자가 단체교섭을 통해 합의를 위한 노력을 계속하여도 자주적 교섭에 의한 합의의 여지가 없는 경우 이를 해결하기 위한 절차로서 중앙노동위원회에 의한 노동쟁의의 조정과 중재 제도를 마련하면서(제9 내지 11조) 관계 당사자는 중앙노동위원회의 중재재정이 위법하거나 월권에 의한 것이라고 인정하는 경우에 행정소송을 제기할 수 있다고 규정하고 있다(제12조 제1항). 여기에서 '위법' 또는 '월권'이란 중재재정의 절차가 위법하거나 그 내용이 교원노조법, 근로기준법 위반 등으로 위법한 경우 또는 당사자 사이에 분쟁의 대상이 되어 있지 않은 사항이나 정당한 이유 없이 당사자 간의 분쟁범위를 벗어나는 부분에 대하여 월권으로 중재재정을 한 경우를 말하고, 중재재정이 단순히 어느 노사 일방에 불리하거나 불합리한 내용이라는 사유만으로는 불복이 허용되지 않는다.

요약

그 행정처분과 동일한 사유로 위법한 처분이 반복될 위험성이 있어 행정처분의 위법성 확인 내지 불분명한 법률문제에 대한 해명이 필요한 경우에는 예외적으로 그 처분의 취소를 구할 소의 이익을 인정할 수 있다. 이러한 법리는 행정처분의 일종인 중재재정에 대한 무효확인 또는 취소를 구하는 소의 경우에도 마찬가지로 적용된다.

대법원 2024. 5. 23. 선고 2021두35834 전원합의체 판결

[판결요지]

❏ 자원의 절약과 재활용촉진에 관한 법률 시행령 부칙(2015. 2. 3.) 제2조가 헌법상 원칙적으로 금지되는 진정소급입법에 해당하는지 여부(적극)

소급입법은 새로운 입법을 이미 종료된 사실관계 또는 법률관계에 적용하도록 하는 진정소급입법과 현재 진행 중인 사실관계 또는 법률관계에 적용하도록 하는 부진정소급입법으로 나눌 수 있다. 이 중에서 기존의 법에 의하여 이미 형성된 개인의 법적 지위를 사후입법을 통하여 박탈하는 것을 내용으로 하는 진정소급입법은 개인의 신뢰보호와 법적 안정성을 내용으로 하는 법치국가 원리에 의하여 허용되지 않는 것이 원칙이다.

폐기물부담금의 부과요건사실은 '제조장 또는 보세구역에서 반출'이므로, 담배가 '제조장 또는 보세구역에서 반출되는 때'에 담배 제조업자의 폐기물부담금 납부의무가 성립한다. 담배 제조업자는 2015. 1. 1.부터 2015. 2. 2.까지 제조장 또는 보세구역에서 반출한 담배에 대해서 각 반출 시점에 구 자원의 절약과 재활용촉진에 관한 법률 시행령(2015. 2. 3. 대통령령 제26088호로 개정되기 전의 것)에 따라 인상되기 전 요율의 폐기물부담금을 납부할 의무를 부담하고 있었는데, 자원의 절약과 재활용촉진에 관한 법률 시행령 부칙(2015. 2. 3.) 제2조로 인하여 위 기간 동안 제조장 또는 보세구역에서 반출한 담배에 대해서도 소급하여 2015. 2. 3. 대통령령 제26088호로 개정된 자원의 절약과 재활용촉진에 관한 법률 시행령 제11조 [별표 2] 제5호에 따른 인상된 요율의 폐기물부담금을 납부할 의무를 부담하게 되었다. 따라서 <u>위 부칙규정은 이미 종결된 폐기물부담금의 부과요건사실(2015. 1. 1.부터 2015. 2. 2.까지 제조장 또는 보세구역에서의 반출)에 대해서까지 소급하여 위 개정규정을 적용하는 것으로서 헌법상 원칙적으로 금지되는 진정소급입법에 해당한다.</u>

요약

자원의 절약과 재활용촉진에 관한 법률 시행령 부칙 제2조는 이미 종결된 폐기물부담금의 부과요건사실에 대해서까지 소급하여 위 개정규정을 적용하는 것으로서 헌법상 원칙적으로 금지되는 진정소급입법에 해당한다.

★ 대법원 2024. 5. 30. 선고 2023두61707 판결

[판결요지]

[1] 하천편입토지 보상 등에 관한 특별조치법 제2조 제3호에서 정한 손실보상을 받기 위한 요건

하천편입토지 보상 등에 관한 특별조치법 제2조 제3호가 정한 손실보상청구권은 헌법 제23조 제3항이 선언하고 있는 손실보상청구권을 구체화한 것으로서, 1971. 1. 19. 법률 제2292호로 개정된 구 하천법의 시행 그 자체에 의하여 직접 사유지를 국유로 하는 이른바 입법적 수용이라는 국가의 적법한 공권력 행사로 인한 토지소유자의 손실을 보상하기 위한 것이다. 즉, 이러한 손실보상은 사인에게 발생하는 재산상 특별한 희생 또는 손실에 대하여 사유재산권의 보장과 전체적인 공평 부담의 견지에서 행하여지는 조절적인 재산적 보상이자 특별한 희생에 대한 전보이다. 따라서 손실보상을 받기 위해서는 그 사인에게 특별한 희생 내지 손실이 발생해야 하고, 재산상의 특별한 희생이나 손실이 발생했다고 할 수 없는 경우에는 손실보상을 청구할 수 없다.

[2] 하천구역으로 편입되어 국유로 된 토지를 종전 소유자가 사인에게 매도한 경우, 매매계약의 효력(원칙적 무효)

하천구역으로 편입되어 국유로 된 토지는 사인 사이 거래의 객체가 될 수 없으므로 종전 소유자가 해당 토지를 매도했다고 하더라도 그와 같은 매매는 원시적으로 불능의 급부를 목적으로 하는 계약으로서 원칙적으로 무효이다.

[3] 갑이 소유하다가 1971. 1. 19. 법률 제2292호로 개정된 구 하천법의 시행으로 하천구역에 편입되어 국유로 된 토지가 매매를 원인으로 을과 병에게 순차적으로 소유권이 이전되었다가 국가가 소유권보존등기를 마친 후 병에게 손실보상금을 지급하였는데, 위 토지의 하천구역편입 당시 소유자였던 갑을 순차 상속한 상속인들이 하천편입토지 보상 등에 관한 특별조치법에 따라 손실보상을 청구한 사안에서, 갑이나 그 상속인에게 특별한 희생이나 손실이 있다고 볼 수 없어 손실보상을 청구할 수 없음에도, 이와 달리 본 원심판단에 법리오해의 잘못이 있다고 한 사례

갑이 소유하다가 1971. 1. 19. 법률 제2292호로 개정된 구 하천법(이하 '1971년 하천법'이라 한다)의 시행으로 하천구역에 편입되어 국유로 된 토지가 매매를 원인으로 을과 병에게 순차적으로 소유권이 이전되었다가 국가가 소유권보존등기를 마친 후 병에게 손실보상금을 지급하였는데, 위 토지의 하천구역편입 당시 소유자였던 갑을 순차 상속한 상속인들이 하천편입토지 보상 등에 관한 특별조치법(이하 '하천편입토지보상법'이라 한다)에 따라 손실보상을 청구한 사안에서, 손실보상의 성격과 하천편입토지보상법의 입법 취지 등을 종합적으로 고려하면, 1971년 하천법의 시행으로 하천구역에 편입되어 국가 소유로 된 위 토지의 소유자인 갑은 그 이후 위 토지를 사실상 아무런 제약 없이 사용·수익하다가 매도하였고, 위 토지를 매도한 때로부터 상당한 기간이 경과하는 등으로 매수인으로부터 종전 매매계약의 무효 등을 이유로 자신이 지급받았던 매매대금 상당의 금원을 추급당할 별다른 위험이 없는 등 실질적으로 소유자로서의 권리를 모두 행사하여 권리의 만족을 얻었다고 볼 수 있으므로 다른 특단의 사정이 없는 한 갑이나 그 상속인에게 특별한 희생이나 손실이 있다고 볼 수 없어 손실보상을 청구할 수 없음에도, 이와 달리 본 원심판단에 법리오해의 잘못이 있다고 한 사례.

요약

❶ 손실보상을 받기 위해서는 그 사인에게 특별한 희생 내지 손실이 발생해야 한다.

❷ 하천구역으로 편입되어 국유로 된 토지는 사인 사이 거래의 객체가 될 수 없으므로 종전 소유자가 해당 토지를 매도했다고 하더라도 그와 같은 매매는 무효이다.

❸ 갑이 소유하다가 구 하천법의 시행으로 하천구역에 편입되어 국유로 된 토지가 매매를 원인으로 을과 병에게 순차적으로 소유권이 이전되었다가 국가가 소유권보존등기를 마친 후 병에게 손실보상금을 지급하였는데, 위 토지의 하천구역편입 당시 소유자였던 갑을 순차 상속한 상속인들이 손실보상을 청구한 사안에서, 갑은 실질적으로 소유자로서의 권리를 모두 행사하여 권리의 만족을 얻었다고 볼 수 있으므로 갑이나 그 상속인에게 특별한 희생이나 손실이 있다고 볼 수 없어 손실보상을 청구할 수 없다.

대법원 2024. 5. 30. 선고 2022두65559 판결

[사실관계]

원고는 국방부 검찰단 보통검찰부 2021형제108호 직권남용권리행사방해 사건의 피의자였던 소외 1과 2021형제117호 직권남용권리행사방해 사건의 피의자였던 소외 2의 변호인으로, 2021. 7. 15. 소외 1에 대하여 있었던 제2회 피의자신문절차 및 2021. 7. 19. 소외 2에 대하여 있었던 제1회 피의자신문절차에 모두 참여하였다.

원고는 2021. 7. 28. 헌법재판소에 아래와 같은 내용으로 '군검사가 위 각 피의자신문 당시 변호인인 원고가 피의자들에게 진술거부권행사를 조언하는 것을 금지하여 변호권(조력권)을 침해하였다.'고 주장하며 헌법소원심판(2021헌마913)을 청구하였다.

소외 1, 소외 2에 대한 국방부 보통군사법원 2021고38호 형사재판(이하 '이 사건 형사재판'이라 한다)이 계속되는 중에 원고는 2021. 12. 23. 피고(국방부 검찰단장)에게 「공공기관의 정보공개에 관한 법률」(이하 '정보공개법'이라 한다) 제10조 제1항에 따라 '이 사건 형사재판에서 피고인들의 변호인으로, 영상녹화의 당사자로서, 그리고 변호인으로서' 위 각 피의자신문 당시 촬영한 영상녹화물(이하 '이 사건 정보'라 한다)의 공개를 청구한다고 기재한 정보공개청구서를 제출하였다.

이에 피고는 2022. 1. 11. 원고에 대하여, 이 사건 정보는 진행 중인 재판과 관련된 정보 및 수사에 관한 사항에 해당된다는 이유로 정보공개거부처분을 하였다

[판결요지]

□ 군검사가 공소제기된 사건과 관련하여 보관하고 있는 서류 또는 물건에 관하여 공공기관의 정보공개에 관한 법률에 의한 정보공개청구가 허용되는지 여부(소극)

군사법원법 제309조의3 제1항, 제2항, 제309조의4 제1항, 제2항, 제309조의16 제1항, 제2항의 내용·취지 등을 고려하면, 군사법원법 제309조의3은 군검사가 공소제기된 사건과 관련하여 보관하고 있는 서류 또는 물건의 공개 여부나 공개 범위, 불복절차 등에 관하여 공공기관의 정보공개에 관한 법률(이하 '정보공개법'이라 한다)과 달리 규정하고 있는 것으로 볼 수 있다. 결국 정보공개법 제4조 제1항에서 정한 '정보의 공개에 관하여 다른 법률에 특별한 규정이 있는 경우'에 해당한다. 따라서 군검사가 공소제기된 사건과 관련하여 보관하고 있는 서류 또는 물건에 관하여는 피고인이나 변호인의 정보공개법에 의한 정보공개청구가 허용되지 아니한다.

요약

❶ 군사법원법 제309조의3은 정보공개법 제4조 제1항에서 정한 '정보의 공개에 관하여 다른 법률에 특별한 규정이 있는 경우'에 해당한다.

❷ 군검사가 공소제기된 사건과 관련하여 보관하고 있는 서류 또는 물건에 관하여는 피고인이나 변호인의 정보공개법에 의한 정보공개청구가 허용되지 아니한다.

대법원 2024. 5. 30. 선고 2021두58202 판결

[판결요지]

□ 의료인인 갑 등과 을이 의료기관을 공동으로 개설하여 운영하던 중 을에 대하여 거짓으로 진료비를 청구하였다는 사유로 의료법 제66조 제1항 제7호에 따른 자격정지 처분이 이루어졌음에도 여전히 을을 공동개설자로 한 상태에서 나머지 공동개설자인 갑 등이 의료행위를 하고 요양급여비용 및 의료급여비용 심사를 청구하였으나 건강보험심사평가원이 을의 자격정지 기간 동안 위 의료기관은 요양급여비용, 의료급여비용을 청구할 자격이 없다는 이유로 심사청구를 반송처리한 사안에서, 을의 자격정지 기간 동안 위 의료기관은 의료법 제66조 제3항에 따라 의료업을 할 수 없기 때문에 국민건강보험법 및 의료급여법상 요양급여비용 및 의료급여비용을 청구할 수 있는 요양기관 및 의료급여기관에 해당하지 않는다고 한 사례

의료인인 갑 등과 을이 의료기관을 공동으로 개설하여 운영하던 중 을에 대하여 거짓으로 진료비를 청구하였다는 사유로 의료법 제66조 제1항 제7호에 따른 자격정지 처분이 이루어졌음에도 여전히 을을 공동개설자로 한 상태에서 나머지 공동개설자인 갑 등이 의료행위를 하고 요양급여비용 및 의료급여비용 심사를 청구하였으나 건강보험심사평가원이 을의 자격정지 기간 동안 위 의료기관은 요양급여비용, 의료급여비용을 청구할 자격이 없다는 이유로 심사청구를 반송처리한 사안에서, 의료인의 거짓 진료비 청구행위를 이유로 의료인의 자격뿐만 아니라 그가 개설한 의료기관의 의료업까지 제재의 범위에 포함하고 있는 의료법 제66조 제3항은 의료기관을 기준으로 의료업 금지 사유를 정한 것이고, 그 사유에 해당하는지는 이 조항이 규율하고 있는 제재의 대상인 '의료기관'을 기준으로 판단해야 하는 점, 의료법 제64조 제1항 제8호, 제66조 제3항에서 의료기관 개설 허가의 취소, 의료기관 폐쇄, 의료업 금지 등의 의료기관에 대한 제재의 요건을 '의료기관 개설자가 진료비를 거짓으로 청구하여 금고 이상의 형이 확정되거나 자격정지 처분을 받은 경우'라고 하여 의료기관 개설자를 기준으로 정한 것은 의료기관에서 이루어진 의료행위에 관하여 환자 등에게 진료비 청구권을 행사하는 법적 주체가 의료기관 개설자이기 때문이지, 각 조항에 따른 의료기관 개설 허가의 취소, 의료기관 폐쇄, 의료업 금지 등의 효력 범위를 진료비 거짓 청구행위의 당사자인 해당 개설자에게 한정시키려는 취지가 아니며 이는 다수의 의료인이 공동으로 의료기관을 개설한 경우에도 마찬가지인 점, 의료법 제64조 제1항 제8호, 제66조 제3항에 따른 제재의 대상이 된 의료기관은 더 이상 국민건강보험법에 의한 요양기관 및 의료급여법에 의한 의료급여기관으로 인정되는 '의료법에 따라 개설된 의료기관'에 해당한다고 할 수 없는데, 이러한 제재의 필요성은 의료기관의 개설자가 1인인지 다수인지에 따라 다르지 않고, 의료법 제64조 제1항이나 제66조 제3항에서도 이를 달리 규정하지 않고 있는 점, 의료기관 개설자가 진료비를 거짓으로 청구하는 범죄행위를 하였음을 이유로 그에게 자격정지 처분이 이루어졌다면, 그가 개설한 의료기관에 대하여 의료법 제66조 제3항에 따라 의료업 금지의 효력이 바로 발생하는데, 수인이 공동으로 개설한 의료기관에서 1인의 개설자가 진료비 거짓 청구행위로 의료법 제66조 제1항의 처분을 받은 이상 그가 개설한 의료기관에 대하여 의료법 제66조 제3항을 적용하는 것이 책임주의 원칙에 위반된다거나 나머지 공동개설자의 영업의 자유에 대한 과도한 제한이라고 할 수 없는 점 등 의료법 제66조 제1항 제7호, 제3항 등의 규정 내용, 입법 취지 및 법문의 체계적·논리적 해석 원리 등에 의할 때, 을의 자격정지 기간 동안 위 의료기관은 의료법 제66조

제3항에 따라 의료업을 할 수 없기 때문에 국민건강보험법 및 의료급여법상 요양급여비용 및 의료급여비용을 청구할 수 있는 요양기관 및 의료급여기관에 해당하지 않는다고 한 사례.

> **요약**
>
> 의료인의 자격정지 기간 동안 의료기관은 의료업을 할 수 없기 때문에 요양급여비용 및 의료급여비용을 청구할 수 있는 요양기관 및 의료급여기관에 해당하지 않는다.

대법원 2024. 6. 13. 선고 2023두54112 판결

[판결요지]

☐ 사회복지사업법 제42조 제3항 단서의 의미 및 이에 따른 보조금 환수처분은 이미 지급받은 보조금 전액을 환수 대상으로 하되, 그 환수 범위는 개별적으로 결정해야 하는 재량행위의 성격을 가지는지 여부(적극)

사회복지사업법의 입법 목적, 사회복지사업법 제42조 제3항의 문언 내용, 체계 및 형식, 사회복지사업법상 국가나 지방자치단체가 사회복지사업을 하는 자에 대하여 보조금을 지급하거나 반환을 명하는 행위의 목적과 특성 등을 모두 고려하여 볼 때, 사회복지사업법 제42조 제3항 단서는 제1호, 제2호의 사유가 있는 경우 '이미 지급한 보조금의 전부 또는 일부'의 반환을 명하여야 한다는 의미로 해석된다. 또한 사회복지사업법 제42조 제3항 단서에서 규정하고 있는 보조금 환수처분은 이미 지급받은 보조금 전액을 환수 대상으로 하되, 그 환수 범위는 보조사업의 목적과 내용, 보조금을 교부받으면서 부정한 방법을 취하게 된 동기 또는 보조금을 다른 용도로 사용하게 된 동기, 보조금의 전체 액수 중 부정한 방법으로 교부받거나 다른 용도로 사용한 보조금의 비율과 교부받은 보조금을 그 조건과 내용에 따라 사용한 비율 등을 종합하여 개별적으로 결정해야 하는 재량행위의 성격을 지니고 있다.

요약

사회복지사업법상 보조금 환수처분은 재량행위이다.

★★ 대법원 2024. 6. 19. 자 2024무689 결정

[판결요지]

[1] 행정청의 내부적인 의사결정 등과 같이 상대방 또는 관계자들의 법률상 지위에 직접적인 법률적 변동을 일으키지 않는 행위가 항고소송의 대상이 되는 행정청의 처분에 해당하는지 여부(소극)

항고소송의 대상이 되는 행정청의 처분이란 원칙적으로 행정청의 공법상의 행위로서 특정 사항에 대하여 법규에 의한 권리의 설정 또는 의무의 부담을 명하거나 기타 법률상의 효과를 직접 발생하게 하는 등 국민의 권리의무에 직접 관계가 있는 행위를 말하므로, 행정청의 내부적인 의사결정 등과 같이 상대방 또는 관계자들의 법률상 지위에 직접적인 법률적 변동을 일으키지 않는 행위는 그에 해당하지 않는다.

피신청인 교육부장관이 2024. 3. 20. 2025학년도 전체 의대정원을 2,000명 증원하여 각 대학별로 배정(이하 '이 사건 증원배정'이라 한다)한 것은 항고소송의 대상이 되는 처분으로 볼 여지가 큰 반면, 피신청인 보건복지부장관이 2024. 2. 6. 의대정원을 2025학년도부터 2,000명 증원할 것이라고 발표한 행위(이하 '이 사건 증원발표'라 한다)는 항고소송의 대상이 되는 처분으로 보기 어렵다.

[2] 행정처분에 대한 집행정지신청을 구하기 위한 요건으로서 '법률상 이익'의 의미 및 해당 처분의 근거 법규 및 관련 법규에 의하여 보호되는 법률상 이익의 범위

행정처분에 대한 집행정지신청을 구함에 있어서도 이를 구할 법률상 이익이 있어야 하는바, 이 경우 법률상 이익이란 그 행정처분으로 인하여 발생하거나 확대되는 손해가 해당 처분의 근거 법규 및 관련 법규에 의하여 보호받는 직접적이고 구체적인 이익과 관련된 것을 말하고 단지 간접적이거나 사실적 · 경제적 이해관계를 가지는 데 불과한 경우는 여기에 포함되지 않는다. 그리고 해당 처분의 근거 법규 및 관련 법규에 의하여 보호되는 법률상 이익은 해당 처분의 근거 법규의 명문 규정에 의하여 보호받는 법률상 이익, 해당 처분의 근거 법규에 의하여 보호되지는 아니하나 해당 처분의 행정목적을 달성하기 위한 일련의 단계적인 관련 처분들의 근거 법규에 의하여 명시적으로 보호받는 법률상 이익, 해당 처분의 근거 법규 또는 관련 법규에서 명시적으로 당해 이익을 보호하는 명문의 규정이 없더라도 근거 법규 및 관련 법규의 합리적 해석상 그 법규에서 행정청을 제약하는 이유가 순수한 공익의 보호만이 아닌 개별적 · 직접적 · 구체적 이익을 보호하는 취지가 포함되어 있다고 해석되는 경우까지를 말한다.

[3] 행정소송법 제23조 제2항에서 정하고 있는 효력정지 요건인 '회복하기 어려운 손해'의 의미 및 '처분 등이나 그 집행 또는 절차의 속행으로 인하여 생길 회복하기 어려운 손해를 예방하기 위하여 긴급한 필요'가 있는지 판단하는 방법 / 행정소송법 제23조 제3항에서 집행정지의 요건으로 '공공복리에 중대한 영향을 미칠 우려가 없을 것'을 규정하고 있는 취지 및 '공공복리에 미칠 영향이 중대한지' 판단하는 방법

행정소송법 제23조 제2항에서 정하고 있는 효력정지 요건인 '회복하기 어려운 손해'란 특별한 사정이 없는 한 금전으로 보상할 수 없는 손해로서 이는 금전보상이 불가능한 경우 내지는 금전보상으로는 사회관념상 행정처분을 받은 당사자가 참고 견딜 수 없거나 참고 견디기가 현저히 곤란한 경우의 유형, 무형의 손해를 일컫는다. 그리고 '처분 등이나 그 집행 또는 절차의 속행으로 인하여 생길 회복하기 어려운 손해를 예방하기 위하여 긴급한 필요'가 있는지는 처분의 성질과 태

양 및 내용, 처분상대방이 입는 손해의 성질·내용 및 정도, 원상회복·금전배상의 방법 및 난이 등은 물론 본안청구의 승소가능성의 정도 등을 종합적으로 고려하여 구체적·개별적으로 판단해야 한다.

행정소송법 제23조 제3항이 집행정지의 또 다른 요건으로 '공공복리에 중대한 영향을 미칠 우려가 없을 것'을 규정하고 있는 취지는, 집행정지 여부를 결정함에 있어서 신청인의 손해뿐만 아니라 공공복리에 미칠 영향을 아울러 고려해야 한다는 데 있고, 따라서 공공복리에 미칠 영향이 중대한지는 절대적 기준에 의하여 판단할 것이 아니라, 신청인의 '회복하기 어려운 손해'와 '공공복리' 양자를 비교·교량하여, 전자를 희생하더라도 후자를 옹호하여야 할 필요가 있는지에 따라 상대적·개별적으로 판단되어야 한다.

[4] 보건복지부장관이 의과대학 입학정원 확대방안에 관하여 2025학년도부터 2,000명 증원할 것이라고 발표한 후 교육부장관이 의과대학을 보유한 각 대학의 장으로부터 의대정원 증원 신청을 받아 2025학년도 전체 의대정원을 2,000명 증원하여 각 대학별로 배정하자, 의대에 재학 중인 학생 등이 보건복지부장관의 증원발표 및 교육부장관의 증원배정에 대한 효력정지 및 집행정지신청을 한 사안에서, 보건복지부장관의 증원발표는 항고소송의 대상이 되는 처분으로 보기 어려워 효력정지를 구하는 신청은 부적법하여 각하되어야 하고, 의대 재학 중인 신청인들은 증원배정 처분 중 자신이 재학 중인 의과대학에 대한 부분의 집행정지를 구할 법률상 이익이 있지만, 증원배정 처분이 집행됨으로써 의대 재학 중인 신청인들이 입을 수 있는 손해에 비하여 증원배정의 집행이 정지됨으로써 공공복리에 중대한 영향이 발생할 우려가 크다는 이유로, 증원배정에 대한 집행정지는 허용되지 않는다고 한 사례

보건복지부장관이 2024. 2. 6. 의과대학 입학정원 확대방안에 관하여 2025학년도부터 2,000명 증원할 것이라고 발표(이하 '증원발표'라 한다)한 후 교육부장관이 의과대학을 보유한 각 대학의 장으로부터 의대정원 증원 신청을 받아 2024. 3. 20. 2025학년도 전체 의대정원을 2,000명 증원하여 각 대학별로 배정(이하 '증원배정'이라 한다)하자, 의과대학 교수, 전공의, 의과대학에 재학 중인 학생, 의과대학에 입학하기를 희망하는 수험생들이 보건복지부장관의 증원발표 및 교육부장관의 증원배정에 대한 효력정지 및 집행정지신청을 한 사안에서, 보건복지부장관의 증원발표는 행정청의 내부적인 의사결정을 대외적으로 공표한 것에 그칠 뿐 국민의 권리의무에 영향을 미친다고 볼 수 없고 각 의과대학별 정원 증원이라는 구체적인 법적 효과는 교육부장관의 증원배정에 따라 비로소 발생한 것이므로 교육부장관의 증원배정은 항고소송의 대상이 되는 처분으로 볼 여지가 큰 반면, 보건복지부장관의 증원발표는 항고소송의 대상이 되는 처분으로 보기 어려우므로 증원발표의 효력정지를 구하는 신청은 부적법하여 각하되어야 하고, 교육부장관의 증원배정 처분의 근거가 된 고등교육법령 및 대학설립·운영 규정(대통령령)은 의과대학의 학생정원 증원의 한계를 규정함으로써 의과대학에 재학 중인 학생들이 적절하게 교육받을 권리를 개별적·직접적·구체적으로 보호하고 있다고 볼 여지가 충분하므로 의대 재학 중인 신청인들은 증원배정 처분 중 자신이 재학 중인 의과대학에 대한 부분의 집행정지를 구할 법률상 이익이 있지만, 의과대학 교수, 전공의 또는 수험생 지위에 있는 나머지 신청인들에 대하여는 증원배정 처분의 집행정지를 구할 법률상 이익이 인정되지 않으며, 증원배정 처분이 집행됨으로 인해 의대 재학 중인 신청인들이 입을 수 있는 손해에 비하여 증원배정의 집행이 정지됨으로써 공공복리에 중대한 영향이 발생할 우려가 크다는 이유로, 증원배정에 대한 집행정지는 허용되지 않는다고 한 사례.

요약

❶ 보건복지부장관의 의대정원 증원발표는 행정처분이 아니지만, 교육부장관의 증원배정은 항고소송의 대상이 되는 행정처분이다.

❷ 의대 재학생은 증원배정에 대한 집행정지를 구할 법률상 이익이 있지만, 의과대학 교수나 전공의 또는 수험생은 법률상 이익이 인정되지 않는다.

❸ 증원배정이 집행됨으로 인해 의대 재학 중인 신청인들이 입을 수 있는 손해에 비하여 증원배정의 집행이 정지됨으로써 공공복리에 중대한 영향이 발생할 우려가 크다는 이유로 증원배정에 대한 집행정지는 허용되지 않는다.

대법원 2024. 6. 27. 선고 2024두32393 판결

[판결요지]

[1] 국가를 당사자로 하는 계약에 관한 법률 제27조 제1항 제1호, 같은 법 시행령 제76조 제4항의 위임에 따른 같은 법 시행규칙 제76조 [별표 2] 2. 개별기준 제3호 (나)목의 '부정한 행위를 한 자'의 의미

국가를 당사자로 하는 계약에 관한 법률(이하 '국가계약법'이라 한다) 제27조 제1항 제1호, 제4호, 제9호 (나)목, 국가를 당사자로 하는 계약에 관한 법률 시행령 제76조 제2항 제2호 (가)목, 국가를 당사자로 하는 계약에 관한 법률 시행규칙 제76조 [별표 2] '2. 개별기준'(이하 '개별기준'이라 한다) 제1호, 제2호, 제3호 (나)목, 제6호, 제13호의 체계와 내용을 종합하면, 국가계약법 제27조 제1항 제1호, 같은 법 시행령 제76조 제4항의 위임에 따른 개별기준 제3호 (나)목의 '부정한 행위를 한 자'란 설계서상의 기준규격보다 낮은 다른 자재를 쓰거나 이와 같은 정도로 사회통념상 허용되지 않는 옳지 못한 방법을 적극적으로 사용하여 계약상 의무를 위반한 자를 말한다.

[2] 중증장애인생산품 생산시설로 지정된 갑 사회복지법인이 방위사업청장과 육군에 운동복을 제조·납품하는 계약을 체결하고 운동복 생산에 사용할 원단이 품질기준에 부합한다는 공인기관의 시험성적서를 제출한 뒤 운동복을 제조하여 육군 각 부대에 납품하였는데, 운동복 완제품 시험결과 수분제어특성 등이 품질기준에 미달된다는 사실이 확인되자 갑 법인이 '부정한 제조를 한 자'에 해당한다는 이유로 방위사업청장이 국가를 당사자로 하는 계약에 관한 법률 제27조 제1항 제1호 등에 따라 갑 법인의 입찰참가자격을 6개월간 제한하는 처분을 한 사안에서, 갑 법인이 '부정한 제조를 한 자'에 해당한다고 보기 어려운데도 이와 달리 본 원심판단에 법리오해 등의 잘못이 있다고 한 사례

중증장애인생산품 생산시설로 지정된 갑 사회복지법인이 방위사업청장과 육군에 운동복을 제조·납품하는 계약을 체결하고 운동복 생산에 사용할 원단이 품질기준에 부합한다는 공인기관의 시험성적서를 제출한 뒤 운동복을 제조하여 육군 각 부대에 납품하였는데, 운동복 완제품 시험결과 수분제어특성 등이 품질기준에 미달된다는 사실이 확인되자 갑 법인이 '부정한 제조를 한 자'에 해당한다는 이유로 방위사업청장이 국가를 당사자로 하는 계약에 관한 법률 제27조 제1항 제1호 등에 따라 갑 법인의 입찰참가자격을 6개월간 제한하는 처분을 한 사안에서, 품질기준에 부합하는 원단을 사용하였더라도 제조공정을 거치면서 품질이 저하되었을 가능성을 배제할 수 없으므로 완제품 시험결과만으로는 갑 법인이 운동복을 제조할 때 기준규격보다 낮은 다른 원단을 사용하였다고 단정할 수 없는 점, 같은 재료로 동일한 과정을 거쳐 생산된 원단이라도 섬유혼용률과 질량에 차이가 있을 가능성을 배제할 수 없고, 탄력성이 큰 폴리우레탄 섬유가 함유된 편직물의 경우 제조과정에서 섬유혼용률에 변동이 생길 수 있어 원단의 섬유혼용률과 질량이 납품된 운동복과 차이가 있다고 하여 갑 법인이 위 운동복을 제조할 때 원단 시험결과에 사용한 원단보다 저품질의 다른 원단을 사용하였다고 인정하기는 어려운 점, 계약이행의 결과에 객관적 하자가 있다는 것만으로는 갑 법인이 계약을 이행할 때에 사회통념상 옳지 못한 행위를 하였다고 단정할 수 없고, 갑 법인이 피복류 제작 과정에서 일반적으로 사용될 수 없는 이례적인 공정으로 운동복을 제작하는 등 다른 부정한 행위를 하였다고 볼 만한 사정에 관한 주장·증명도 전혀 없는 점을 종합하면, 방위사업청장이 제출한 증거만으로는 갑 법인이 '부정한 제조를 한 자'에 해당한다고 보기 어려운데도 이와 달리 본 원심판단에 법리오해 등의 잘못이 있다고 한 사례.

요약

방위사업청장의 입찰참가자격제한처분은 항고소송의 대상이 되는 행정처분이다.

대법원 2024. 6. 27. 선고 2022추5132 판결

[판결요지]

[1] 시·군 및 자치구의 조례나 규칙이 규율하는 특정사항에 관하여 이를 규율하는 시·도의 조례나 규칙이 이미 존재하는 경우, 시·군 및 자치구의 조례나 규칙이 적법하기 위한 요건

지방자치법 제30조는 "시·군 및 자치구의 조례나 규칙은 시·도의 조례나 규칙을 위반해서는 아니 된다."라고 규정하고 있으므로, 시·군 및 자치구는 시·도의 조례나 규칙(이하 '조례 등'이라 한다)에 위반되지 않는 범위 내에서 그 사무에 관하여 조례 등을 제정할 수 있다. 시·군 및 자치구의 조례 등이 규율하는 특정사항에 관하여 그것을 규율하는 시·도의 조례 등이 이미 존재하는 경우에도 시·군 및 자치구의 조례 등이 시·도의 조례 등과 별도의 목적에 기하여 규율함을 의도하는 것으로서 그 규정을 적용하더라도 시·도의 조례 등의 규정이 의도하는 목적과 효과를 저해하는 바가 없는 때에는 그 조례 등이 시·도의 조례 등에 위반된다고 볼 것은 아니다.

[2] 보은군의회가 의결한 '보은군 농업인 공익수당 지원에 관한 조례안'이 '충청북도 농업인 공익수당 지원에 관한 조례'보다 농업인 공익수당의 지급대상과 지급제외 기준을 완화하고 있어 지방자치법 제30조에 위반된다는 등의 이유로 보은군수가 재의를 요구하였으나 보은군의회가 원안대로 재의결함으로써 확정된 사안에서, 위 조례안이 지방자치법 제30조 등에 위반되지 않는다고 한 사례

보은군의회가 의결한 '보은군 농업인 공익수당 지원에 관한 조례안'(이하 '보은군조례안'이라 한다)이 '충청북도 농업인 공익수당 지원에 관한 조례'(이하 '충북조례'라 한다)보다 농업인 공익수당의 지급대상과 지급제외 기준을 완화하고 있어 지방자치법 제30조에 위반된다는 등의 이유로 보은군수가 재의를 요구하였으나 보은군의회가 원안대로 재의결함으로써 확정된 사안에서, 보은군조례안은 보은군 자체적으로 농업인 공익수당 지원사업을 시행하기 위해 마련된 것으로서 충북조례와 구별되는 별개의 독자적인 농업인 공익수당 사업을 목적으로 하는 것이고 따라서 비록 보은군조례안에서 충북조례보다 그 지급대상 요건을 완화하고 있더라도, 이는 보은군 자체의 농업인 공익수당 지원사업을 시행할 때 적용되는 것으로서 충북조례에 따른 농업인 공익수당의 지급 여부에는 영향을 미치지 아니하므로 보은군조례안을 적용하더라도 충북조례가 의도하는 목적과 효과를 저해하는 바가 없다는 이유로 보은군조례안이 지방자치법 제30조 등에 위반되지 않는다고 한 사례.

요약

❶ 시·군 및 자치구의 조례 등이 규율하는 특정사항에 관하여 그것을 규율하는 시·도의 조례 등이 이미 존재하는 경우에도 시·도의 조례 등의 규정이 의도하는 목적과 효과를 저해하는 바가 없는 때에는 그 조례 등이 시·도의 조례 등에 위반된다고 볼 것은 아니다.

❷ 보은군조례안에서 충북조례보다 그 지급대상 요건을 완화하고 있더라도, 이는 보은군 자체의 농업인 공익수당 지원사업을 시행할 때 적용되는 것으로서 충북조례에 따른 농업인 공익수당의 지급 여부에는 영향을 미치지 아니하므로 보은군조례안을 적용하더라도 충북조례가 의도하는 목적과 효과를 저해하는 바가 없다.

대법원 2024. 7. 18. 선고 2022두43528 전원합의체 판결

[판결요지]

[1] 헌법 제20조 제1항에서 정한 종교의 자유의 내용과 제한

헌법 제20조 제1항의 종교의 자유는 일반적으로 신앙의 자유, 종교적 행위의 자유 및 종교적 집회·결사의 자유로 구성된다. 신앙의 자유는 신과 피안 또는 내세에 대한 인간의 내적 확신에 대한 자유를 말하는 것으로서, 이러한 신앙의 자유는 그 자체가 내심의 자유의 핵심이기 때문에 법률로써도 이를 제한할 수 없다. 종교적 행위의 자유에는 종교상의 의식·예배 등 종교적 행위를 각 개인이 임의로 할 수 있는 등 종교적인 확신에 따라 행동하고 교리에 따라 생활할 수 있는 자유와 소극적으로는 자신의 종교적인 확신에 반하는 행위를 강요당하지 않을 자유, 그리고 선교의 자유, 종교 교육의 자유 등이 포함된다. 종교적 집회·결사의 자유는 종교적 목적으로 같은 신자들이 집회하거나 종교단체를 결성할 자유를 말한다. 이러한 종교적 행위의 자유와 종교적 집회·결사의 자유는 신앙의 자유와는 달리 절대적 자유는 아니지만, 이를 제한할 경우에는 헌법 제37조 제2항의 과잉금지원칙을 준수하여야 한다.

[2] 행정청이 전문적인 위험예측에 관한 판단에 기초하여 감염병을 예방하기 위한 여러 종류의 조치 중에서 필요한 조치를 선택한 데에 비례의 원칙 위반 등 재량권 일탈·남용의 위법이 있는지를 판단할 때 고려할 사항

헌법 제34조 제6항은 "국가는 재해를 예방하고 그 위험으로부터 국민을 보호하기 위하여 노력하여야 한다."라고 규정하고, 제36조 제3항은 "모든 국민은 보건에 관하여 국가의 보호를 받는다."라고 규정하여 재해나 질병으로부터 국민을 보호할 국가의 보호의무를 강조하고 있다. 이러한 헌법 이념에 근거하여 국민 건강에 위해가 되는 감염병의 발생과 유행을 방지하고 그 예방 및 관리를 위하여 구 감염병의 예방 및 관리에 관한 법률(2020. 8. 11. 법률 제17472호로 개정되기 전의 것, 이하 '구 감염병예방법'이라 한다)을 마련하고, 재난 및 안전관리 기본법(이하 '재난안전법'이라 한다) 제3조 제1호 (나)목에서 구 감염병예방법에 따른 감염병을 사회재난의 일종으로 규정하고 있다. 이에 감염병의 예방 및 관리를 통해 국민의 생명·신체 및 재산을 보호할 것을 국가와 지방자치단체의 책무로 하면서, 국가 등으로 하여금 감염병 예방 조치 등을 통해 감염병으로 인한 피해를 신속히 대응·복구하도록 규정하고 있다(구 감염병예방법 제4조 제2항, 재난안전법 제4조 제1항 참조).

이러한 규정 체계 등에 따라, 구 감염병예방법 제49조 제1항은 각호에서 국가나 지방자치단체가 감염병을 예방하기 위하여 취해야 할 여러 유형의 조치를 열거하면서 감염병 예방 조치의 유형, 예방 조치별 범위 및 강도 등을 행정청의 선택에 맡기고 있는데, 행정청이 어떠한 감염병 예방 조치가 필요한지 결정할 때에는 의학, 역학, 통계학 등 과학적 지식을 바탕으로 장래에 발생할 불확실한 상황과 파급효과에 대해 전문적인 위험예측에 관한 판단을 하게 된다.

위와 같이 헌법 제34조 제6항, 제36조 제3항에서 정한 국가의 기본권 보호의무와 구 감염병예방법, 재난안전법의 내용 및 취지 등에 비추어 보면, 행정청이 전문적인 위험예측에 관한 판단에 기초하여 감염병을 예방하기 위한 여러 종류의 조치 중에서 필요한 조치를 선택한 데에 비례의 원칙 위반 등 재량권 일탈·남용의 위법이 있는지를 판단할 때에는, 감염병의 특성과 확산 추이, 예방 백신이나 치료제의 개발 여부, 예방 조치를 통해 제한 또는 금지되는 행위로 인한 감염병의

전파가능성 등 객관적 사정을 기초로, 해당 예방 조치가 행정목적을 달성할 수 있는 효과적이고 적절한 수단인지, 그러한 행정목적을 달성하는 데 해당 예방 조치보다 상대방의 권리나 이익이 덜 제한되도록 하는 합리적인 대안은 없는지, 행정청이 해당 예방 조치를 선택하면서 다양한 공익과 사익의 요소들을 고려했는지, 나아가 예방 조치를 통해 달성하려는 공익과 이에 따라 제한될 상대방의 권리나 이익이 정당하고 객관적으로 비교·형량 되었는지 등을 종합적으로 고려해야 한다.

[3] 갑 광역시장이 관내 코로나바이러스감염증-19 누적 확진자 수 급증과 특정 교회에서의 집단감염 사례 등 확진자 증가 사실을 알리면서, 사회적 거리두기를 2단계로 유지하되 사실상 3단계에 준하는 집합금지 확대 등의 조치를 취한다는 취지의 발표와 함께, 구 감염병의 예방 및 관리에 관한 법률 제49조 제1항 제2호에 따라 '관내 종교시설에 대한 집합금지' 등을 명하는 예방 조치를 하자, 관내 을 교회 및 그 대표자인 목사가 위 처분이 비례의 원칙 등을 위반하여 자신들의 종교의 자유를 침해한다며 처분의 취소를 구한 사안에서, 갑 시장이 위 처분을 하면서 비례의 원칙과 평등의 원칙을 위반하여 을 교회 등의 종교의 자유를 침해했다고 보기 어렵다고 한 사례

[다수의견] 갑 광역시장이 관내 코로나바이러스감염증-19(이하 '코로나19'라 한다) 누적 확진자 수 급증과 특정 교회에서의 집단감염 사례 등 확진자 증가 사실을 알리면서, 사회적 거리두기를 2단계로 유지하되 사실상 3단계에 준하는 집합금지 확대 등의 조치를 취한다는 취지의 발표와 함께, 구 감염병의 예방 및 관리에 관한 법률(2020. 8. 11. 법률 제17472호로 개정되기 전의 것, 이하 '구 감염병예방법'이라 한다) 제49조 제1항 제2호에 따라 '관내 종교시설에 대한 집합금지' 등을 명하는 예방 조치를 하자, 관내 을 교회 및 그 대표자인 목사가 위 처분이 비례의 원칙 등을 위반하여 자신들의 종교의 자유를 침해한다며 처분의 취소를 구한 사안에서, ① 위 처분은 밀폐, 밀접, 밀집된 상황에서 비말에 의한 전파가능성이 가장 높은 것으로 알려진 코로나19의 확산을 방지하여 공공의 건강과 안전을 도모하기 위한 것이고, 코로나19의 확산을 차단하기 위한 방법으로 교인들의 대면 예배라는 집합 자체의 금지를 선택한 것은 위와 같은 행정목적을 달성하기 위한 유효·적절한 수단인 점, 당시 지역 내 주민 등의 생명과 건강을 보호하기 위한 목적을 달성하는 데 위 처분보다 덜 침해적이지만 동일하게 효과적인 수단이 있었다고 보기 어려운 점, 위 처분으로 인한 종교의 자유 제한의 효과가 일시적이고 한시적으로 적용되는 점과 과학적 불확실성이 높고 질병과 관련한 환경이 빠르게 변화하는 팬데믹 상황의 특수성을 고려할 때, 위 처분으로 제한되는 을 교회 등의 종교의 자유가 이를 통하여 달성하고자 하는 공익보다 중하다고 보기 어려운 점에 비추어, 갑 시장이 위 처분을 하면서 비례의 원칙을 위반하여 을 교회 등의 종교의 자유를 침해하였다고 보기 어렵고, ② 위 처분에서 각종 시설들을 세분화하여 집합금지 대상, 10인 이상 집합금지 대상, 집합제한 대상으로 분류하여 예방 조치를 명하였는데, 갑 시장이 참가자들 사이의 물리적 거리의 확보 가능성과 더불어 특정한 목적의 집합에서 전형적으로 수반되는 행위에 대해 방역의 관점에서 어느 정도의 위험성이 있는지를 판단하여 시설들을 분류한 것으로 보이고, 이와 같은 기준의 설정은 합리성이 인정되는 점, 갑 시장이 종교시설을 오락실, 워터파크, 공연장, 실내체육시설, 목욕탕·사우나(지하), 멀티방·DVD방(지하)과 함께 집합금지 대상으로 분류하여 예방 조치를 강화한 것은 비말 발생이 많은 활동이 주로 이루어지거나 이용자의 체류시간이 비교적 길게 나타나는 등의 특징을 가진 시설들을 함께 분류한 것으로 보이고, 이와 같은 판단이 객관적이고 합리적인 범위를 벗어난 것이라고 보기 어려운 점, 코로나19 확산 초기부터 교회를 중심으로 한 집단감염 사례가 꾸준히 보고되었고, 위 처분도 특정 교회 내에서 30명의 집단감염이 발생하자 그러한 위험의 추가 발생을 선제적으로 차단하고자 하는 목적에서 이루어진 것으로서, 감염 경로나 종교시설발 확진자가 차지하는 비중, 집단감염 관련 기존 통계치 등에 비추어 합리적인 근거가

없는 것이라고 보기 어려운 점, 위 처분은 교회뿐만 아니라 관내의 종교시설 전체에 대하여 집합금지의 예방 조치를 명한 것임이 문언상 분명한 점에 비추어, 갑 시장이 위 처분을 하면서 평등의 원칙을 위반하여 을 교회 등의 종교의 자유를 침해했다고 보기 어렵다고 한 사례.

요약

'관내 종교시설에 대한 집합금지' 등을 명하는 예방 조치를 하자, 관내 을 교회 및 그 대표자인 목사가 위 처분이 비례의 원칙 등을 위반하여 자신들의 종교의 자유를 침해한다며 처분의 취소를 구한 사안에서, 갑 시장이 위 처분을 하면서 비례의 원칙과 평등의 원칙을 위반하여 을 교회 등의 종교의 자유를 침해했다고 보기 어렵다.

대법원 2024. 7. 18. 선고 2023두36800 전원합의체 판결

[판결요지]

[1] 행정청이 내부준칙을 제정하여 그에 따라 장기간 일정한 방향으로 행정행위를 함으로써 행정관행이 확립된 경우, 그 내부준칙이나 확립된 행정관행을 통한 행정행위에 대해 헌법상 평등원칙이 적용되는지 여부(적극)

헌법 제11조 제1항은 "모든 국민은 법 앞에 평등하다. 누구든지 성별·종교 또는 사회적 신분에 의하여 정치적·경제적·사회적·문화적 생활의 모든 영역에 있어서 차별을 받지 아니한다."라고 규정하고 있다. 헌법상 평등원칙은 본질적으로 같은 것을 자의적으로 다르게 취급함을 금지하는 것으로서, 일체의 차별적 대우를 부정하는 형식적·절대적 평등을 뜻하는 것이 아니라 입법을 하고 법을 적용할 때에 합리적인 근거가 없는 차별을 해서는 안 된다는 실질적·상대적 평등을 뜻한다. 행정기본법 제9조는 "행정청은 합리적 이유 없이 국민을 차별하여서는 아니 된다."라고 규정하여, 행정청에 헌법상 평등원칙에 따라 합리적 이유가 없는 한 모든 국민을 동등하게 처우해야 할 의무를 부과하고 있다. 따라서 행정청이 내부준칙을 제정하여 그에 따라 장기간 일정한 방향으로 행정행위를 함으로써 행정관행이 확립된 경우, 그러한 내부준칙이나 확립된 행정관행을 통한 행정행위에 대해서도 헌법상 평등원칙이 적용된다.

[2] 행정청의 행정행위가 합리적 이유 없는 차별대우에 해당하여 헌법상 평등원칙을 위반했는지 판단하는 방법

행정청의 행정행위가 합리적 이유 없는 차별대우에 해당하여 헌법상 평등원칙을 위반하였는지를 확정하기 위해서는 먼저 행위의 근거가 된 법규의 의미와 목적을 통해 행정청이 본질적으로 같은 것을 다르게 대우했는지, 즉 다른 대우를 받아 비교되는 두 집단 사이에 본질적인 동일성이 존재하는지를 확정해야 한다. 다음으로 그러한 차별대우가 확인되면 비례의 원칙에 따라 행위의 정당성 여부를 심사하여 헌법상 평등원칙을 위반하였는지를 판단해야 한다.

[3] 특수공익법인인 국민건강보험공단은 사적 단체 또는 사인과 달리 차별처우의 위법성이 더 폭넓게 인정될 수 있는지 여부(적극)

국가와 지방자치단체는 국가 발전수준에 부응하고 사회환경의 변화에 선제적으로 대응하며 지속가능한 사회보장제도를 확립하고 매년 이에 필요한 재원을 조달하여야 하고(사회보장기본법 제5조 제3항), 사회보장제도의 급여 수준과 비용 부담 등에서 형평성을 유지할 의무가 있다(제25조 제2항). 사회보장제도인 건강보험의 보험자로서 가입자와 피부양자의 자격 관리 등의 업무를 집행하는 특수공익법인인 국민건강보험공단은 공권력을 행사하는 주체이자 기본권 보장의 수범자로서의 지위를 갖는다. 그 결과 사적 단체 또는 사인의 경우 차별처우가 사회공동체의 건전한 상식과 법감정에 비추어 볼 때 도저히 용인될 수 없는 경우에 한해 사회질서에 위반되는 행위로서 위법한 행위로 평가되는 것과 달리, 국민건강보험공단은 평등원칙에 따라 국민의 기본권을 보호 내지 실현할 책임과 의무를 부담하므로, 그 차별처우의 위법성이 보다 폭넓게 인정될 수 있다.

[4] 갑이 동성인 을과 교제하다가 서로를 동반자로 삼아 함께 생활하기로 합의하고 동거하던 중 결혼식을 올린 뒤 국민건강보험공단에 건강보험 직장가입자인 을의 사실혼 배우자로 피부양자 자격취득 신고를 하여 피부양자 자격을 취득한 것으로 등록되었는데, 이 사실이 언론에 보도되자 국민건강보험공단이 갑을 피부양자로 등록한 것이 '착오 처리'였다며 갑의 피부양자 자격을 소급하여 상실시키고 지역가입자로 갑의 자격을 변경

한 후 그동안의 지역가입자로서의 건강보험료 등을 납입할 것을 고지한 사안에서, 위 처분이 행정절차법 제21조 제1항과 헌법상 평등원칙을 위반하여 위법하다고 한 사례

[다수의견] 갑이 동성인 을과 교제하다가 서로를 동반자로 삼아 함께 생활하기로 합의하고 동거하던 중 결혼식을 올린 뒤 국민건강보험공단에 건강보험 직장가입자인 을의 사실혼 배우자로 피부양자 자격취득 신고를 하여 피부양자 자격을 취득한 것으로 등록되었는데, 이 사실이 언론에 보도되자 국민건강보험공단이 갑을 피부양자로 등록한 것이 '착오 처리'였다며 갑의 피부양자 자격을 소급하여 상실시키고 지역가입자로 갑의 자격을 변경한 후 그동안의 지역가입자로서의 건강보험료 등을 납입할 것을 고지한 사안에서, 위 처분은 국민건강보험공단의 자격변경 처리에 따라 갑의 피부양자 자격을 소급하여 박탈하는 내용을 포함하므로, 국민건강보험공단이 위 처분에 앞서 갑에게 행정절차법 제21조 제1항에 따라 사전통지를 하거나 의견 제출의 기회를 주어야 함에도 이를 하지 않은 절차적 하자가 있고, 실체적 하자와 관련하여 ① 국민건강보험법 제5조 제2항 제1호(이하 '쟁점 규정'이라 한다)의 '배우자'에서 사실상 혼인관계에 있는 사람을 배제한다면 평등원칙에 반하는 위헌적 결과가 발생할 수 있기 때문에 국민건강보험공단이 배우자를 피보험자로 정한 쟁점 규정을 국민건강보험공단의 '자격관리 업무지침'에 따라 '사실상 혼인관계에 있는 사람'도 인우보증서를 제출할 것을 조건으로 피부양자에 포함하는 것으로 해석·적용하는 것은 적법하고, ② 국민건강보험공단이 위 처분을 통하여 사실상 혼인관계 있는 사람 집단에 대하여는 피부양자 자격을 인정하면서도, 동성 동반자 집단에 대해서는 피부양자 자격을 인정하지 않음으로써 두 집단을 달리 취급하고 있는데, 동성 동반자는 직장가입자와 단순히 동거하는 관계를 뛰어넘어 동거·부양·협조·정조의무를 바탕으로 부부공동생활에 준할 정도의 경제적 생활공동체를 형성하고 있다는 점에서 차이가 없는 점, 자격관리 업무지침에 따르면 '사실상 혼인관계에 있는 사람'의 경우 피부양자로 인정받기 위해서는 인우보증서를 제출해야 하는데, 동성 동반자도 이러한 내용의 인우보증서를 제출할 수 있다는 점에서 차이가 없는 점, 국민건강보험공단이 사실상 혼인관계에 있는 사람을 피부양자로 인정하는 이유는 그가 직장가입자의 동반자로서 경제적 생활공동체를 형성하였기 때문이지 이성 동반자이기 때문이 아닌 점 등에 비추어, 이러한 취급은 성적 지향을 이유로 본질적으로 동일한 집단을 차별하는 행위에 해당하며, ③ 건강보험제도와 피부양자제도의 의의, 취지와 연혁 등을 관련 법리와 기록에 비추어 살펴보면, 국민건강보험공단이 직장가입자와 사실상 혼인관계에 있는 사람, 즉 이성 동반자와 달리 동성 동반자인 갑을 피부양자로 인정하지 않고 위 처분을 한 것은 합리적 이유 없이 갑에게 불이익을 주어 그를 사실상 혼인관계에 있는 사람과 차별하는 것으로 헌법상 평등원칙을 위반하여 위법하다고 한 사례.

> **요약**
>
> 갑이 동성인 을과 교제하다가 서로를 동반자로 삼아 함께 생활하기로 합의하고 동거하던 중 결혼식을 올린 뒤 국민건강보험공단에 건강보험 직장가입자인 을의 사실혼 배우자로 피부양자 자격취득 신고를 하여 피부양자 자격을 취득한 것으로 등록되었는데, 이 사실이 언론에 보도되자 국민건강보험공단이 갑을 피부양자로 등록한 것이 '착오 처리'였다며 갑의 피부양자 자격을 소급하여 상실시키고 지역가입자로 갑의 자격을 변경한 후 그동안의 지역가입자로서의 건강보험료 등을 납입할 것을 고지한 사안에서, 위 처분은 행정절차법 제21조 제1항과 헌법상 평등원칙을 위반하여 위법하다.

★ 대법원 2024. 7. 25. 선고 2023추5177 판결

[사실관계]

피고(부산광역시의회)는 2023. 9. 25. '부산광역시 옥외광고물 등의 관리와 옥외광고산업 진흥에 관한 조례 일부개정조례안'(이하 '이 사건 조례안'이라 한다)을 의결하여 부산광역시장에게 이송하였다. 부산광역시장은 2023. 10. 11. 이 사건 조례안을 그대로 공포하였다.

이 사건 조례안 제13조의2(이하 '이 사건 조례안 규정'이라 한다)는, 정당이 정당 현수막을 설치·표시하는 경우 '동시에 게시할 수 있는 현수막의 개수는 읍·면·동별로 1개'(제1호), '혐오·비방의 내용 및 문구 금지'(제2호)라는 두 개의 기준을 모두 갖추어 지정게시대에 게시하여야 한다는 것이다.

원고(행정안전부장관)는 2023. 10. 12. 이 사건 조례안 규정이 관련 법령에 위반된다는 등의 이유로 부산광역시장에게 재의를 요구하게 하였으나, 부산광역시장은 이에 불응하였다. 이에 원고는 이 사건 조례안 규정의 위법을 주장하며 지방자치법 제192조 제8항을 근거로 이 사건 소를 제기하였다.

[판결요지]

[1] 조례안 의결 무효확인 소송에서 판단대상이 되었던 조례안이 개정되었으나 그 내용이 사실상 변경되지 않고 동일하게 유지되고 있는 경우, 개정 전 조례안에 대한 소의 이익이 소멸하는지 여부(소극) 및 조례안의 개정 등으로 법률우위의 원칙 등에 따라 조례안의 위법성을 직접적으로 논할 여지가 소멸하게 되었더라도 예외적으로 소의 이익을 인정할 수 있는 경우

조례안 의결 무효확인 소송에서 판단대상이 되었던 조례안이 개정되었다 하더라도 개정된 조례안의 내용이 사실상 변경된 바 없이 동일하게 유지되고 있을 경우에는 개정 전 조례안에 대한 소의 이익은 소멸되지 아니한다. 나아가 조례안의 개정 등으로 법률우위의 원칙 등에 따라 조례안의 위법성을 직접적으로 논할 여지가 소멸하게 되었더라도, 개정 전 조례안에 의하여 형성된 법률관계가 남아 있거나 또는 다른 지방자치단체에서 해당 조례안과 유사한 내용으로의 조례로 제·개정될 가능성이 있거나 실제 그러한 조례가 여러 지방의회에서 의결된 바 있어 해당 조례안의 위법성 확인에 대한 해명이 필요한 경우에는 예외적으로 소의 이익을 인정할 수 있다.

[2] 지방자치법 제192조 제8항에 따라 조례안이 법령에 위반되는지가 문제 된 소송에서 판단 기준이 되는 법령(=변론종결 당시 규범적 효력을 갖는 법령)

지방자치법 제192조 제8항에 근거한 조례안 의결 무효확인 소송은, 조례가 헌법 및 법률 등 상위 법규와의 관계에서 효력을 갖는지를 다툴 수 있도록 마련된 것으로 일종의 추상적 규범통제의 성격을 가진다. 그리고 그 취지는 '조례에 대한 관계에서 법령의 우위' 내지 '조례의 적법성'을 관철함으로써 헌법이 상정하고 있는 전체 법질서의 통일성을 확보하기 위한 것으로 볼 수 있다. 따라서 가령 조례안이 의결 당시의 법령에 위배된다고 보더라도 이후 법 개정으로 법령 위반의 여지가 사라지면 그런 이유를 들어 조례안의 유효를 선언하고, 반대로 의결 당시의 법령에 부합하는 조례안이더라도 이후 법 개정으로 법령에 위반된다고 평가되면 조례안의 무효를 선언하는 것이 위 소송 유형을 제도적으로 마련한 지방자치법 제192조 제8항의 취지에 부합한다. 결국 지방자치법 제192조 제8항에 따라 조례안이 법령에 위반되는지가 문제 된 소송에서 그에 관한 심사는

변론종결 당시 규범적 효력을 갖는 법령을 기준으로 해야 한다.

[3] 정당이 정당 현수막을 설치·표시하는 경우 '동시에 게시할 수 있는 현수막의 개수는 읍·면·동별로 1개'(제1호), '혐오·비방의 내용 및 문구 금지'(제2호)라는 두 개의 기준을 모두 갖추어 지정게시대에 게시하여야 한다는 내용의 '부산광역시 옥외광고물 등의 관리와 옥외광고산업 진흥에 관한 조례 일부개정조례안' 제13조의2가 관련 법령에 위반된다는 등의 이유로 행정안전부장관이 시장에게 재의를 요구했으나 불응하자 지방자치법 제192조 제8항을 근거로 위 조례안 의결의 무효확인을 구하는 소송을 제기한 사안에서, 위 조례안 규정이 조례에 대한 관계에서 법령의 우위를 명시한 헌법 제117조 제1항과 지방자치법 제28조 제1항 본문에 위배되었다고 한 사례.

정당이 정당 현수막을 설치·표시하는 경우 '동시에 게시할 수 있는 현수막의 개수는 읍·면·동별로 1개'(제1호), '혐오·비방의 내용 및 문구 금지'(제2호)라는 두 개의 기준을 모두 갖추어 지정게시대에 게시하여야 한다는 내용의 '부산광역시 옥외광고물 등의 관리와 옥외광고산업 진흥에 관한 조례 일부개정조례안' 제13조의2가 관련 법령에 위반된다는 등의 이유로 행정안전부장관이 시장에게 재의를 요구했으나 불응하자 지방자치법 제192조 제8항을 근거로 위 조례안 의결의 무효확인을 구하는 소송을 제기한 사안에서, 제반 사정을 종합하면, 정당 현수막에 관한 규율은 본질상 지방자치단체가 법령의 위임 없이도 조례로 규율할 수 있는 사항으로 평가하기 어렵고, 입법자 역시 정당 현수막의 보장과 제한을 직접 규정함으로써 전국에 걸쳐 일률적으로 동일한 내용을 규율하려는 취지이며, 달리 조례로 정당 현수막의 표시·설치에 관한 사항을 정할 수 있도록 위임하고 있지도 않으므로, 하위법령인 조례로서 옥외광고물 등의 관리와 옥외광고산업 진흥에 관한 법령(이하 '옥외광고물법령'이라 한다)이 정당 현수막의 표시·설치에 관하여 정한 것보다 엄격하게 규정하고 있는 위 조례안 규정은 옥외광고물법령에 위반된다는 이유로, 위 조례안 규정이 조례에 대한 관계에서 법령의 우위를 명시한 헌법 제117조 제1항과 지방자치법 제28조 제1항 본문에 위배되었다고 한 사례.

요약

❶ 지방자치법 제192조 제8항에 근거한 조례안 의결 무효확인 소송은 조례가 헌법 및 법률 등 상위 법규와의 관계에서 효력을 갖는지를 다툴 수 있도록 마련된 것으로 일종의 추상적 규범통제의 성격을 가진다.

❷ 조례안이 의결 당시의 법령에 위배된다고 보더라도 이후 법 개정으로 법령 위반의 여지가 사라지면 그런 이유를 들어 조례안의 유효를 선언하고, 반대로 의결 당시의 법령에 부합하는 조례안이더라도 이후 법 개정으로 법령에 위반된다고 평가되면 조례안의 무효를 선언하는 것이 위 소송 유형을 제도적으로 마련한 지방자치법 제192조 제8항의 취지에 부합한다.

❸ 옥외광고물 등의 관리와 옥외광고산업 진흥에 관한 법령이 정당 현수막의 표시·설치에 관하여 정한 것보다 엄격하게 규정하고 있는 위 조례안 규정은 조례에 대한 관계에서 법령의 우위를 명시한 헌법 제117조 제1항과 지방자치법 제28조 제1항 본문에 위반된다.

대법원 2024. 8. 1. 선고 2022두60073 판결

[판결요지]

[1] '주택단지·산업시설 등 수돗물을 많이 쓰는 시설을 설치하여 수도시설의 신설·증설 등의 원인'을 제공한 경우, 즉시 수도시설의 신설·증설이 이루어지지 않더라도 수도법 제71조 제1항에 따른 원인자부담금을 부과할 수 있는지 여부(적극)

수도법 제71조 제1항은 '수도공사를 하는 데에 비용 발생의 원인을 제공'할 것을 요건으로 원인자부담금을 부과할 수 있도록 규정하고 있을 뿐, 그로 인해 즉시 수도시설의 신설·증설 등 수도공사가 필요한 경우에 한하여 원인자부담금을 부과할 수 있다고 규정하고 있지 않고, 오히려 '주택단지·산업시설 등 수돗물을 많이 쓰는 시설을 설치하여 수도시설의 신설·증설 등의 원인'만 제공한 경우도 그 대상에 포함시켜, 즉시 수도시설의 신설·증설이 이루어지지 않더라도 원인자부담금 부과가 가능할 수 있음을 전제로 하고 있다.

[2] 갑 유한회사가 2, 3층을 숙박시설로 건축한 건물에 대하여 상수도 신규급수공사 신청을 하였고 영암군수가 갑 회사에 원인자부담금을 부과하였는데, 위 처분에 수도법 시행령상의 협의 절차를 거치지 않은 위법과 건물 전체에 대하여 숙박시설의 수돗물 사용량 산식을 적용한 위법이 있다는 이유로 위 처분을 취소하는 판결이 확정되자, 다시 영암군수가 갑 회사에 건물 중 숙박시설인 2층과 3층에 대하여 '영암군 상수도 원인자부담금 산정·징수 등에 관한 조례' 제4조 제1항 [별표 1] 등에 따라 원인자부담금을 부과한 사안에서, 영암군수가 위 조례 제4조 제1항 [별표 1], 제6조 제1항 [별표 2]에 따라 갑 회사에 위 숙박시설에 대한 원인자부담금을 부과할 수 있다는 이유로, 위 처분이 적법하다고 한 사례

갑 유한회사가 2, 3층을 숙박시설로 건축한 건물에 대하여 상수도 신규급수공사 신청을 하였고 영암군수가 갑 회사에 원인자부담금을 부과하였는데, 위 처분에 수도법 시행령상의 협의 절차를 거치지 않은 위법과 건물 전체에 대하여 숙박시설의 수돗물 사용량 산식을 적용한 위법이 있다는 이유로 위 처분을 취소하는 판결이 확정되자, 다시 영암군수가 갑 회사에 건물 중 숙박시설인 2층과 3층에 대하여 '영암군 상수도 원인자부담금 산정·징수 등에 관한 조례' 제4조 제1항 [별표 1] 등에 따라 원인자부담금을 부과한 사안에서, 갑 회사가 건축한 숙박시설은 수도법령의 위임에 따라 마련된 위 조례 제4조 제1항 [별표 1]에서 규정한 '건축연면적 600㎡ 이상 또는 객실 수 15실 이상의 숙박시설'로서 위 조례 제4조 제1항 제3호의 원인자부담금 부과대상인 영암군의 '급수구역 내에 위치하는 건축물 등에 수돗물을 공급하는 경우'에 해당하므로 영암군수가 위 조례 제4조 제1항 [별표 1], 제6조 제1항 [별표 2]에 따라 갑 회사에 위 숙박시설에 대한 원인자부담금을 부과할 수 있다는 이유로, 위 처분이 적법하다고 한 사례.

요약

원인자부담금을 부과처분에 수도법 시행령상의 협의 절차를 거치지 않은 위법과 건물 전체에 대하여 숙박시설의 수돗물 사용량 산식을 적용한 위법이 있다는 이유로 위 처분을 취소하는 판결이 확정되자, 다시 영암군수가 갑 회사에 건물 중 숙박시설인 2층과 3층에 대하여 '영암군 상수도 원인자부담금 산정·징수 등에 관한 조례' 제4조 제1항 [별표 1] 등에 따라 원인자부담금을 부과한 사안에서, 갑 회사가 건축한 숙박시설은 수도법령의 위임에 따라 마련된 위 조례 제4조 제1항 [별표 1]에서 규정한 '건축연면적 600㎡ 이상

또는 객실 수 15실 이상의 숙박시설'로서 위 조례 제4조 제1항 제3호의 원인자부담금 부과대상인 영암군의 '급수구역 내에 위치하는 건축물 등에 수돗물을 공급하는 경우'에 해당하므로 새롭게 부과된 원인자부담금 처분은 적법하다.

대법원 2024. 9. 12. 선고 2022두43405 판결

[사실관계]

원고는 △△고등학교를 설립·운영하는 학교법인이고, 피고 보조참가인(이하 '참가인'이라 한다)은 1996. 9. 1. △△고등학교 교사로 신규 임용되어 2008. 3. 1. 교감으로 임명되었고, 2012. 3. 1. 교장으로 임명되어 2020. 2. 29. 교장의 임기가 만료된 사람이다. 원고는 2020. 2. 5. 참가인에게 2020. 2. 29. 자 임기만료로 당연퇴직 처리될 예정임을 통보하였고, 참가인은 2020. 2. 18. 원고에게 자신에 대한 교원 임용을 제청하였다. 원고는 2020. 2. 26. 이사회를 개최하여 참가인의 교원 임용에 관한 안건을 심의한 후 안건을 부결시켰고, 2020. 2. 27. 참가인에게 이사회 의결 결과(2020. 2. 29. 자 퇴직 처리)를 통보하였다(이하 '이 사건 거부'라 한다).

참가인은 이에 불복하여 2020. 3. 5. 피고(교원소청심사위원회)에게 이 사건 거부의 취소를 구하는 소청심사를 청구하였다. 피고는 2020. 7. 1. '원고가 정관 제34조 제5항에 따라 참가인의 수업 담당 능력과 건강 등을 고려하여 임용 여부를 결정하여야 함에도 이를 고려하여 결정하였다고 보기 어렵고, 원고는 참가인에 대하여 부적격 사유를 증명할 수 있는 근거를 제시하지 않고 임용을 거부함으로써 재량권을 일탈·남용하였다.'는 이유로 이 사건 거부를 취소하는 결정을 하였다(이하 '이 사건 결정'이라 한다).

[판결요지]

☐ 갑 학교법인 소속 사립학교의 교장 을이 정년 전에 임기가 끝나자 정관에서 정한 바에 따라 교사로 근무할 것을 희망하여 갑 학교법인에 자신에 대한 교원 임용을 제청하였으나 갑 학교법인이 이사회에서 심의한 후 을에게 이를 거부하는 내용의 의결 결과를 통보한 사안에서, 위 거부는 교원의 지위 향상 및 교육활동 보호를 위한 특별법 제9조 제1항에서 소청심사의 대상으로 정한 '그 밖에 그 의사에 반하는 불리한 처분'에 해당하고, 재량권을 일탈·남용하여 위법하다고 한 사례

갑 학교법인 소속 사립학교의 교장 을이 정년 전에 임기가 끝나자 정관에서 정한 바에 따라 교사로 근무할 것을 희망하여 갑 학교법인에 자신에 대한 교원 임용을 제청하였으나 갑 학교법인이 이사회에서 심의한 후 을에게 이를 거부하는 내용의 의결 결과를 통보한 사안에서, 헌법 제31조 제6항은 교원의 지위에 관한 기본적인 사항을 법률로 정하도록 하고 있고, 사립학교법, 교원의 지위 향상 및 교육활동 보호를 위한 특별법(이하 '교원지위법'이라 한다)은 사립학교 교원을 국공립학교 교원과 동등하게 처우하고 있는 점, 교원지위법이 제정됨에 따라 사립학교 교원도 국공립학교 교원과 마찬가지로 소청심사를 청구할 수 있고, 결정에 불복하는 경우 행정소송을 제기할 수 있게 된 점, 교육공무원법령이 정년 전에 임기가 끝나는 국공립학교 교장에 대하여 본인이 희망할 경우 정년까지 다시 교사로 임용되어 근무할 수 있는 원로교사 제도를 마련하고 있고, 갑 학교법인 정관도 교육공무원법과 동일하게 규정함으로써 소속 사립학교의 교장이 정년 전에 임기가 끝나는 경우 국공립학교의 교장과 마찬가지로 본인의 희망에 따라 원로교사로 임용될 가능성을 열어 두고 있는 점 등을 종합하면, 갑 학교법인이 정년 전에 임기가 끝나는 교장인 을에 대하여 원로교사 임용을 거부하는 취지로 통보한 위 거부는 원로교사로 임용되어 근무할 것을 희망하는 을의 법률관계에 영향을 미치는 것으로서 교원지위법 제9조 제1항에서 소청심사의 대상으로 정한

'그 밖에 그 의사에 반하는 불리한 처분'에 해당하고, 갑 학교법인 이사회에서 을의 원로교사 임용 여부와 관련하여 '수업 담당 능력과 건강'에 관한 사항이 논의되지 않았던 것으로 보이며, 을에게 위 거부의 사유에 관한 근거가 제시되었거나 심사에 필요한 자료 제출 기회가 부여되었다고도 볼 수 없으므로, 위 거부는 재량권을 일탈·남용하여 위법하다고 한 사례.

요약

갑 학교법인이 정년 전에 임기가 끝나는 교장인 을에 대하여 원로교사 임용을 거부하는 취지로 통보한 위 거부는 원로교사로 임용되어 근무할 것을 희망하는 을의 법률관계에 영향을 미치는 것으로서 소청심사의 대상으로 정한 '그 밖에 그 의사에 반하는 불리한 처분'에 해당한다.

대법원 2024. 10. 31. 선고 2021두41204 판결

[사실관계]

피고 대전광역시장은 2007. 8. 31. 대전 서구 (동 명칭 생략) 일대를 「도시재정비 촉진을 위한 특별법」(이하 '도시재정비법'이라 한다)에 따른 재정비촉진지구(이하 '이 사건 재정비지구'라 한다)로 지정·고시하였고, 2009. 8. 7. 이 사건 재정비지구에 대하여 재정비촉진계획을 결정·고시한 후 여러 차례에 걸쳐 위 재정비촉진계획을 변경하였으며, 2018. 1. 5. 재정비촉진계획(변경) 및 지형도면을 결정·고시하였다(이하 '이 사건 재정비촉진계획'이라 한다).

원고는 이 사건 재정비지구 중 ○○○구역(이하 '이 사건 재정비촉진구역'이라 한다)에 위치한 원고 소유의 대전 서구 (이하 생략) 등 4필지 토지 합계 1,231.85㎡(이는 이 사건 재정비촉진구역의 총면적 192,861㎡의 10% 미만에 해당한다) 및 그 지상 건물에서 '△△△병원'(이하 '이 사건 병원'이라 하고, 위 토지와 합하여 '이 사건 병원 및 부지'라 한다)을 운영하고 있는 사람이다. 피고보조참가인(이하 '참가인'이라 한다)은 이 사건 재정비촉진구역에서 재정비촉진사업 중 「도시 및 주거환경정비법」(이하 '도시정비법'이라 한다)에 따른 재개발사업을 시행하기 위하여 설립된 조합이다.

원고는 2018. 6. 1. 피고들에게 이 사건 병원 및 부지를 이 사건 재정비촉진계획에서 존치지역으로 변경하거나 이 사건 재정비촉진구역에서 제외해 달라는 취지의 요청서를 제출하였다(이하 '이 사건 신청'이라 한다). 피고 대전광역시장은 2018. 6. 18. 원고에게 '원고가 제출한 민원은 이 사건 재정비촉진구역 내 이 사건 병원의 존치(또는 제척)를 요청하는 내용으로 참가인이 도시재정비법 제9조에 따라 입안권자인 피고 대전광역시 서구청장(이하 '피고 서구청장'이라 한다)에게 재정비촉진계획변경 신청 등 관련 절차를 이행하여야 한다.'는 내용의 민원회신을 하였다(이하 '이 사건 제1 민원회신'이라 한다).

한편 피고 서구청장은 2018. 6. 12. 원고에게 '참가인이 관련 법령에 따른 절차를 거쳐 재정비촉진계획의 변경을 신청할 경우 도시재정비법 제9조, 제12조 등의 규정에 따라 면밀히 검토하여 처리할 예정이다.'는 내용으로 이 사건 신청을 거부하는 취지의 민원회신을 하였다(이하 '이 사건 제2 민원회신'이라 한다).

[판결요지]

☐ 재정비촉진계획의 결정에 이해관계가 있는 재정비촉진구역 안의 토지 등 소유자에게 도시 및 주거환경정비법상 정비계획에 관한 사항이 포함된 재정비촉진계획의 변경을 요구할 법규상 또는 조리상 신청권이 인정되는지 여부(적극) 및 이러한 신청에 대한 거부행위가 항고소송의 대상이 되는 행정처분에 해당하는지 여부(적극)

재정비촉진사업 등에 관한 도시재정비법의 총칙규정인 도시재정비법 제3조 제1항은 도시재정비법이 재정비촉진지구에서는 다른 법률보다 우선하여 적용한다고 규정하고 있고, 제3조 제2항은 재정비촉진사업의 시행에 관하여 도시재정비법에서 규정하지 아니한 사항에 대하여는 해당 사업에 관하여 정하고 있는 관계 법률에 따른다고 규정하고 있다. 또한 도시재정비법에 따라 수립되는 재정비촉진계획에는 도시정비법 제9조 제1항 각호의 사항, 즉 도시정비법상 정비계획의 내용이 포함되어야 하고[도시재정비법 제9조 제1항 제17호, 도시재정비법 시행령 제8조 제4호 (가)목], 도시재정비법이 정한 절차에 따라 재정비촉진계획이 결정·고시되면 그 고시일에 도시정비법이 정한 정비계획의 수립 또는 변경 등이 있은 것으로 의제된다(도시재정비법 제13조 제1항 제1호). 한편 도시정비법은 도시기능의 회복이 필요하거나 주거환경이 불량한 지역을 계획적으로 정비하고 노후·불량건축물을 효율적으로 개량하기 위하여 필요한 사항을 규정함으로써 도시환경을 개선하고 주거생활의 질을 높이는 데 이바지함을 목적으로 하면서도, 정비계획의 결정으로 인한 개인의 재산권 행사의 제한을 줄이기 위하여 정비구역 내의 토지 등 소유자에게 토지 등 소유자(조합이 설립된 경우에는 조합원을 말한다) 3분의 2 이상의 동의로 정비계획의 변경을 요청하는 경우 정비계획의 입안권자에 대하여 정비계획의 입안을 제안할 수 있는 권리를 부여하고 있고(제14조 제1항 제6호), 다만 '정비구역의 면적을 10% 미만의 범위에서 변경하는 경우'와 같이 대통령령으로 정하는 경미한 사항을 변경하는 경우에는 토지 등 소유자의 동의절차를 거치지 않을 수 있으며(도시정비법 제15조 제3항, 도시정비법 시행령 제13조 제4항 제1호), 위 입안제안을 받은 입안권자는 제안일부터 60일(다만 부득이한 사정이 있는 경우에는 한 차례만 30일을 연장할 수 있다) 이내에 정비계획에의 반영 여부를 제안자에게 통보하여야 할 의무가 있다(도시정비법 시행령 제12조 제2항).

이러한 도시재정비법과 도시정비법의 관련 규정의 내용과 체계, 헌법상 개인의 재산권 보장의 취지 등을 종합해 보면, 재정비촉진계획의 결정에 이해관계가 있는 재정비촉진구역 안의 토지 등 소유자는 재정비촉진계획의 입안권자 내지 수립권자에게 도시재정비법 제3조 제2항, 도시정비법 제14조 제1항 제6호에 따라 재정비촉진계획 변경의 입안을 제안할 수 있으므로 도시정비법상 정비계획에 관한 사항이 포함된 재정비촉진계획의 변경을 요구할 법규상 또는 조리상 신청권이 인정되고, 이러한 신청에 대한 거부행위는 항고소송의 대상이 되는 행정처분에 해당한다고 봄이 타당하다.

요약

재정비촉진계획의 결정에 이해관계가 있는 재정비촉진구역 안의 토지 등 소유자는 재정비촉진계획 변경의 입안을 제안할 수 있으므로 도시정비법상 정비계획에 관한 사항이 포함된 재정비촉진계획의 변경을 요구할 법규상 또는 조리상 신청권이 인정되고, 이러한 신청에 대한 거부행위는 항고소송의 대상이 되는 행정처분에 해당한다.

★★★ 대법원 2024. 11. 28. 선고 2023두61349 판결

[사실관계]

원고는 기존에 서울특별시 금천구청장으로부터 「건설폐기물의 재활용촉진에 관한 법률」(이하 '건설폐기물법'이라 한다) 제21조 제3항에 따른 건설폐기물 수집·운반업 허가를 받은 법인이다. 원고는 2021. 4. 13. 피고에게 인천 계양구 (지번 생략) 외 1필지 지상에서 ① 기존의 일반철골구조 기타지붕 연면적 411.6㎡, 2층 규모의 '제2종근린생활시설' 1동을 '자원순환관련시설(사무실)'로 건축물의 용도를 변경하고, ② 기존 건축물이 있는 대지에 일반철골구조 판넬지붕 연면적 399.35㎡ 1층 규모의 '자원순환관련시설(임시보관소)' 1동과 일반철골구조 판넬지붕 연면적 32㎡ 1층 규모의 '자원순환관련시설(휴게소)' 1동을 신축하겠다는 내용의 증축허가를 신청하였다(이하 3개동을 통틀어 '이 사건 건축물'이라 하고, 2가지 허가신청을 통틀어 '이 사건 신청'이라 한다). 피고는 2021. 7. 9. 다음과 같은 이유를 들어 원고의 건축물용도변경허가 및 건축허가 신청을 거부하는 처분을 하였다(이하 '이 사건 거부처분'이라 한다).

① 원고는 건설폐기물 수집·운반업체인데, 원고의 사업계획서에 의하면 이 사건 건축물에서 건설폐기물을 분리·선별·파쇄하는 중간처리업을 하겠다는 것이어서 원고의 업무영역이 아니고, ② 인천광역시에 이미 16개의 건설폐기물 중간처리업체가 존재하여 인천광역시에서 발생하는 건설폐기물을 처리하는 것이 충분히 가능하고 더 이상의 건설폐기물 중간처리업체가 필요하지 않다.

제1심의 소송이 진행되는 과정에서 원피고는 다음과 같은 주장을 하였다. 원고는 자신이 설치하려는 시설은 건설폐기물 중간처리시설이 아니라 건설폐기물 수집·운반업체가 이용할 수 있는 임시보관장소에 해당하고, 그 시설을 원고가 직접 운영하는 것이 아니라 별도의 업체(△△△ 주식회사)가 운영할 예정이라고 주장하였다. 피고는 건축행정청은 건축법상 허가 여부를 판단할 때 건축법령뿐만 아니라 다른 법령에 근거하여서도 재량권을 행사하여 거부할 수 있음을 전제로, ① 인천 계양구 인근에는 다수의 건설폐기물 중간처리업체가 존재하므로 원고가 수집한 건설폐기물을 중간처리업체로 바로 운반하면 되지 굳이 원고의 주장과 같은 건설폐기물 임시보관장소를 설치할 필요성이 인정되지 않고 ② 임시보관장소는 환경오염 부하량을 증가시킬 수 있으므로 건설폐기물법에 근거하여 임시보관장소 승인을 거부할 수 있으며, ③ 따라서 이 사건 건축물을 건설폐기물 임시보관장소로 사용하려는 목적의 건축물용도변경허가 및 건축허가 신청을 거부하는 것은 적법한 재량권의 행사라고 주장하였다.

[판결요지]

[1] 행정청이 당초 처분의 근거로 삼은 사유와 사회적 사실관계의 기본적 동일성이 인정되더라도 그에 대한 규범적 평가와 처분의 근거 법령 변경으로 당초 처분의 내용을 변경할 필요성이 제기되는 경우, 행정처분의 적법성과 효력을 다투는 항고소송에서 당초 처분의 내용을 그대로 유지한 채 근거 법령만 추가·변경하는 것이 허용되는지 여부(소극)

행정처분의 적법성과 효력을 다투는 항고소송에서는 처분청이 당초 처분의 근거로 삼은 사유와 기본적 사실관계의 동일성이 인정되지 않는 별개의 사유를 주장하는 것은 원칙적으로 허용되지 않는다(이를 '처분사유 추가·변경 제한 법리'라고 한다). 여기서 기본적 사실관계의 동일성 유무는 처분사유를 법률적으로 평가하기 이전의 구체적인 사실에 착안하여 그 기초가 되는 사회적 사실관계가

기본적인 점에서 동일한지에 따라 판단하는 것이 원칙이고, 행정청이 처분 당시에 제시한 구체적 사실을 변경하지 않는 범위 내에서 단지 처분의 근거 법령만을 추가·변경하거나 당초의 처분사유를 구체적으로 표시하는 것에 불과한 경우에는 새로운 처분사유를 추가하거나 변경하는 것이라고 볼 수 없다. 그러나 사회적 사실관계의 기본적 동일성이 인정되는 경우라고 하더라도 그에 대한 규범적 평가와 처분의 근거 법령의 변경으로, 예를 들어 기속행위가 재량행위로 변경되는 경우와 같이, 당초 처분의 내용을 변경할 필요성이 제기되는 경우에는 해당 처분을 취소한 후 처분청으로 하여금 다시 처분절차를 거쳐 새로운 처분을 하도록 하여야 할 것이지 당초 처분의 내용을 그대로 유지한 채 근거 법령만 추가·변경하는 것은 허용될 수 없다.

[2] 처분청이 거부처분에 대한 항고소송에서 기존의 처분사유와 기본적 사실관계가 동일하지 않은 사유를 처분사유로 추가·변경한 것에 대하여 처분상대방이 추가·변경된 처분사유의 실체적 당부에 관하여 해당 소송 과정에서 심리·판단하는 것에 명시적으로 동의하는 경우, 법원은 이를 예외적으로 허용할 수 있는지 여부(적극) / 이에 대하여 처분상대방이 아무런 의견을 밝히지 않는 경우, 법원이 취할 조치 / 법원이 기본적 사실관계가 동일하지 않은 사유의 실체적 당부에 관한 처분상대방의 명시적인 동의 없이 추가·변경된 거부처분사유를 심리·판단하여 이를 근거로 거부처분이 적법하다고 판단할 수 있는지 여부(소극)

처분청이 기본적 사실관계의 동일성이 인정되지 않는 별개의 사실을 들어 처분사유로 주장하는 것이 허용되지 않는다고 해석하는 이유는 행정처분의 상대방의 방어권을 보장함으로써 실질적 법치주의를 구현하고 행정처분의 상대방에 대한 신뢰를 보호하고자 하는 데에 취지가 있음을 고려하면, 처분청이 거부처분에 대한 항고소송에서 기존의 처분사유와 기본적 사실관계가 동일하지 않은 사유를 처분사유로 추가·변경한 것에 대하여 처분상대방이 추가·변경된 처분사유의 실체적 당부에 관하여 해당 소송 과정에서 심리·판단하는 것에 명시적으로 동의하는 경우에는, 법원으로서는 그 처분사유가 기존의 처분사유와 기본적 사실관계가 동일한지와 무관하게 예외적으로 이를 허용할 수 있다. 처분상대방으로서는 처분청이 별개의 사실을 바탕으로 새롭게 주장하는 처분사유까지 동일 소송절차 내에서 판단을 받음으로써 분쟁을 한꺼번에 해결하는 것을 유효·적절한 수단으로서 선택할 수도 있으므로, 처분상대방의 그러한 절차적 선택을 존중하는 것이 처분사유 추가·변경 제한 법리의 기본취지와도 부합하기 때문이다. 그렇다면 법원은, 처분상대방의 명시적 동의에 따라 처분사유의 추가·변경을 허용할 경우, 추가·변경된 거부처분사유가 당초 거부처분사유와 기본적 사실관계의 동일성이 인정되지 않더라도 처분사유 추가·변경 제한 법리에 따라 처분청의 주장을 형식적으로 배척할 것이 아니라 추가·변경된 거부처분사유의 실체적 당부에 관하여 심리·판단해야 한다. 그 결과 추가·변경된 거부처분사유도 실체적으로 위법하여 처분을 취소하는 판결이 선고·확정되는 경우 추가·변경된 거부처분사유에 관한 법원의 판단에 대해서까지 취소판결의 기속력이 미친다고 보아야 한다. 이와 달리 처분상대방의 명시적인 동의가 없다면, 법원으로서는 처분사유 추가·변경 제한 법리의 원칙으로 돌아가 처분청의 거부처분사유 추가·변경을 허용해서는 안 된다.

따라서 처분청이 거부처분에 대한 항고소송에서 당초 거부처분사유와 기본적 사실관계의 동일성이 인정되지 않는 다른 거부처분사유를 주장한 것에 대하여 처분상대방이 아무런 의견을 밝히지 않고 있다면 법원은 적절하게 석명권을 행사하여 처분상대방에게 처분사유 추가·변경 제한 법리의 원칙이 그대로 적용될 것을 주장하는지, 아니면 추가·변경된 거부처분사유의 실체적 당부에 관한 법원의 판단을 구하는지에 관하여 의견을 진술할 수 있도록 기회를 주어야 한다. 그리고 법원이 기본적 사실관계가 동일하지 않은 사유의 실체적 당부에 관한 처분상대방의 명시적인 동의 없이 추가·변경된 거부처분사유를 심리·판단하여 이를 근거로 거부처분이 적법하다고 판단하는 것은 행정소송법상 직권심리주의의 한계를 벗어난 것으로 허용될 수 없다.

> **요약**
>
> ❶ 사회적 사실관계의 기본적 동일성이 인정되는 경우라고 하더라도 그에 대한 규범적 평가와 처분의 근거 법령의 변경으로 당초 처분의 내용을 변경할 필요성이 제기되는 경우에는 해당 처분을 취소한 후 처분청으로 하여금 다시 처분절차를 거쳐 새로운 처분을 하도록 하여야 할 것이지 당초 처분의 내용을 그대로 유지한 채 근거 법령만 추가·변경하는 것은 허용될 수 없다.
>
> ❷ 처분청이 거부처분에 대한 항고소송에서 기존의 처분사유와 기본적 사실관계가 동일하지 않은 사유를 처분사유로 추가·변경한 것에 대하여 처분상대방이 추가·변경된 처분사유의 실체적 당부에 관하여 해당 소송 과정에서 심리·판단하는 것에 명시적으로 동의하는 경우에는, 법원으로서는 그 처분사유가 기존의 처분사유와 기본적 사실관계가 동일한지와 무관하게 예외적으로 이를 허용할 수 있다.
>
> ❸ 법원은 처분상대방의 명시적 동의에 따라 처분사유의 추가·변경을 허용할 경우, 추가·변경된 거부처분사유가 당초 거부처분사유와 기본적 사실관계의 동일성이 인정되지 않더라도 처분사유 추가·변경 제한 법리에 따라 처분청의 주장을 형식적으로 배척할 것이 아니라 추가·변경된 거부처분사유의 실체적 당부에 관하여 심리·판단해야 한다. 그 결과 추가·변경된 거부처분사유도 실체적으로 위법하여 처분을 취소하는 판결이 선고·확정되는 경우 추가·변경된 거부처분사유에 관한 법원의 판단에 대해서까지 취소판결의 기속력이 미친다고 보아야 한다.
>
> ❹ 처분청이 거부처분에 대한 항고소송에서 당초 거부처분사유와 기본적 사실관계의 동일성이 인정되지 않는 다른 거부처분사유를 주장한 것에 대하여 처분상대방이 아무런 의견을 밝히지 않고 있다면 법원은 적절하게 석명권을 행사하여 처분상대방에게 처분사유 추가·변경 제한 법리의 원칙이 그대로 적용될 것을 주장하는지, 아니면 추가·변경된 거부처분사유의 실체적 당부에 관한 법원의 판단을 구하는지에 관하여 의견을 진술할 수 있도록 기회를 주어야 한다.

대법원 2024. 12. 12. 선고 2024두41816 판결

[사실관계]

피고(한국산업인력공단)는 민간 해외취업알선기관이 해외구인정보를 제공하여 취업이 성사된 경우 구직자를 대신하여 취업알선수수료를 지원하는 민간 해외취업알선 지원 사업을 수행하고 있다. 원고는 국외 유료직업소개사업 등을 영위하는 법인으로, 피고의 2021년도 민간 해외취업알선 지원 사업공고(이하 '이 사건 사업공고'라 한다)에 따라 사업 참여를 신청하고 그 운영기관으로 선정되어 피고와 2021년 민간 해외취업알선 지원 사업계약(이하 '이 사건 사업계약'이라 한다)을 체결하였다. 이 사건 사업공고에 마련된 운영기관 제재기준의 개별기준은 '운영기관이 취업지원 대상자로부터 취업알선 명목의 직업소개비용 및 보증금(계약금)을 징수'한 위반사항에 대해 '1차 경고 및 환불 요구 후 문제 지속 시 지원금 환수 및 2년 간 사업 참여배제'의 조치를 하도록 정하고 있다(이하 '이 사건 제재기준'이라 한다).

원고는 2021년경 피고에게 해외구인정보를 제공하고 해외취업이 완료된 취업지원 대상자 29명에 대한 지원금을 신청하였고, 이 사건 사업계약에 따라 합계 7,200만 원의 지원금(이하 '이 사건 지원금'이라 한다)을 지급받았다.

피고는 2022. 6. 13. 원고에게 '위 취업자들로부터 그 취업확정 전 선금을 수취하였다.'는 이유로 이 사건 지원금을 환수한다는 통지(이하 '이 사건 환수통지'라 한다)를 하였는데, 이 사건 환수통지 전 원고에 대하여 취업자들로부터 지급받은 선금의 환불을 요구하지 않았다.

[판결요지]

☐ 공법상 계약에서 계약당사자 사이에 계약내용을 서면으로 작성한 경우, 계약내용을 해석하는 방법 및 계약서에 표현된 당사자의 의사가 명백한데도 합리적인 근거 없이 계약서에 명시되지 않은 내용을 추가하는 것이 허용되는지 여부(소극)

공법상 계약에서도 계약당사자 사이에 어떠한 계약내용을 서면으로 작성한 경우에 문언의 객관적인 의미가 명확하다면, 특별한 사정이 없는 한 문언대로 의사표시의 존재와 내용을 인정해야 한다. 그러나 그 문언의 객관적인 의미가 명확하게 드러나지 않는 경우에는 문언의 내용, 계약이 이루어지게 된 동기와 경위, 당사자가 계약으로 달성하려고 하는 목적과 진정한 의사, 유사한 거래 선례, 해당 공법상 법률관계의 근거가 된 법령의 목적과 내용 등을 종합적으로 고찰하여 논리와 경험의 법칙, 그리고 사회일반의 상식과 행정법상 기본원칙 등에 따라 계약내용을 합리적으로 해석해야 한다. 특히 당사자 일방이 주장하는 계약의 내용이 상대방에게 중대한 책임을 부과하게 되는 경우에는 그 문언의 내용을 더욱 엄격하게 해석해야 한다. 계약서에 표현된 당사자의 의사가 명백한데도 합리적인 근거 없이 계약서에 명시되지 않은 내용을 추가하는 것은 의사해석의 범위를 넘어선 것으로 허용될 수 없다.

> **요약**
>
> ❶ 공법상 계약에서도 계약당사자 사이에 어떠한 계약내용을 서면으로 작성한 경우에 문언의 객관적인 의미가 명확하다면, 특별한 사정이 없는 한 문언대로 의사표시의 존재와 내용을 인정해야 한다.
>
> ❷ 계약서에 표현된 당사자의 의사가 명백한데도 합리적인 근거 없이 계약서에 명시되지 않은 내용을 추가하는 것은 의사해석의 범위를 넘어선 것으로 허용될 수 없다.

2025년 판례

대법원 2025. 1. 9. 선고 2019두35763 판결

[사실관계]

원고는 2017. 5. 8. 피고(대통령기록관장)에게 "황교안 대통령 권한대행이 보호기간을 정하여 국가기록원에 이관한 '대통령지정기록물' 중 세월호 참사가 발생한 2014. 4. 16. 대통령비서실, 대통령경호실, 국가안보실에서 세월호 승객을 구조하기 위한 공무 수행을 위하여 생산하거나 접수한 문서의 목록(공공기관의 정보공개에 관한 법률에 따라 문서 제목, 생산연도, 업무담당자 포함)"(이하 '이 사건 정보'라 한다)에 관하여 정보공개청구를 하였다.

이에 피고는 2017. 5. 22. 이 사건 정보가 「대통령기록물 관리에 관한 법률」(이하 '대통령기록물법'이라 한다) 제17조에 따라 '대통령지정기록물'로 지정되었으므로 「공공기관의 정보공개에 관한 법률」(이하 '정보공개법'이라 한다) 제9조 제1항 제1호의 비공개대상 정보에 해당한다는 이유로 비공개 결정(이하 '이 사건 처분'이라 한다)을 하였다.

[판결요지]

[1] 대통령기록물 관리에 관한 법률 제17조에 따라 대통령지정기록물을 지정하고 이에 대하여 보호기간을 정한 대통령 행위의 효력 유무에 대한 사법심사가 대통령기록물 관리에 관한 법률에 의해 배제되는지 여부(소극)

대통령기록물 관리에 관한 법률(이하 '대통령기록물법'이라 한다) 제17조에서 정한 대통령지정기록물 보호기간 제도의 취지는 외교적·정치적으로 민감한 사안에 대한 기록이 대통령의 임기가 끝난 직후 곧바로 공개될 경우 또 다른 정쟁의 대상이 될 수 있고 그 때문에 대통령이 임기 내에 민감한 사안에 관하여 기록 자체를 생산하지 않을 수 있으므로, 대통령이 지정한 일정한 범위의 기록물에 대하여는 퇴임 후 일정기간 철저하게 보호함으로써 대통령의 원활한 기록 생산을 도모하려는 데에 있다.

그런데 보호기간이 정해진 대통령지정기록물이 다른 일반적인 정보와 마찬가지로 공개가 원칙이라고 이해될 경우 위와 같은 대통령지정기록물 보호기간 제도의 취지에 역행하는 결과가 초래될 수 있다. 따라서 대통령지정기록물을 지정하고 이에 대하여 보호기간을 정한 대통령의 행위(이하 '보호기간 설정행위'라 한다)가 현저히 불합리하다고 볼 만한 명백한 사정이 없는 한, 법원으로서는 원칙적으로 그 결정을 최대한 존중함으로써 보호기간 설정행위의 효력이 사후에 함부로 부정되지 않도록 하는 것이 바람직하다.

그러나 대통령지정기록물 보호기간 제도의 취지가 퇴임 후의 정쟁 등을 미연에 방지하기 위해 일정기간 공개를 제한하는 것이라고 하더라도, 대통령의 보호기간 설정행위는 대통령기록물법에서 정한 절차와 요건을 준수해야만 비로소 적법하게 효력을 갖게 되는 것이므로, 보호기간 설정행위의 효력 유무에 대한 사법심사가 대통령기록물법에 의해 배제된다고 볼 수는 없다.

[2] 정보공개 거부처분을 다투는 항고소송에서 해당 정보를 대통령지정기록물로 지정하고 보호기간을 정한 행위의 적법성을 심사하기 위해 공공기관의 정보공개에 관한 법률 제20조 제2항에 따라 비공개 열람·심사가 이루어지는 경우, 행정청이 대통령기록물 관리에 관한 법률 제17조 제4항을 근거로 자료제출을 거부할 수 있는지 여부(소극) / 이때 법원이 비공개 열람·심사를 진행하기 위한 전제 및 취해야 할 조치

대통령기록물 관리에 관한 법률(이하 '대통령기록물법'이라 한다) 제17조 제4항은 보호기간이 정해진 대통령지정기록물의 경우 보호기간 동안 다른 법률에 따른 자료제출의 요구 대상에 포함되지 않는다고 규정하고 있다. 그러나 대통령이 특정 정보를 대통령지정기록물로 지정하여 보호기간을 정한 행위(이하 '보호기간 설정행위'라 한다)에 대한 사법심사 과정에서 적법성을 의심할 만한 상당한 이유가 있음에도 행정청이 법원에 대하여 그 정보의 제출을 거부할 수 있다고 한다면, 보호기간 설정행위의 적법성에 관한 실질적인 재판이 이루어질 수 없어 헌법 제27조 제1항이 보장한 국민의 재판청구권이 침해될 수 있다. 더구나 법원이 공공기관의 정보공개에 관한 법률(이하 '정보공개법'이라 한다) 제20조 제2항에 따라 보호기간이 정해진 대통령지정기록물을 비공개로 열람·심사할 경우 대통령지정기록물이 공개됨으로써 초래되는 외교적·정치적 혼란을 피할 수 있으므로 법원의 심사과정에서 공익에 대한 위해가 발생한다고 보기도 어렵다.

따라서 정보공개 거부처분을 다투는 항고소송에서, 해당 정보를 대통령지정기록물로 지정하고 보호기간을 정한 행위의 적법성을 심사하기 위해 정보공개법 제20조 제2항에 따라 비공개 열람·심사가 이루어지는 경우에는 행정청이 대통령기록물법 제17조 제4항을 근거로 자료제출을 거부할 수 없다고 해석하는 것이 헌법을 최고법규로 하는 통일적인 법질서의 형성을 위한 합헌적 법률해석의 원칙에 부합한다.

다만 보호기간 중에 있는 대통령지정기록물의 열람 및 제출을 엄격히 제한하는 대통령기록물법 제17조 제4항의 취지를 고려할 때, 법원으로서는 우선 피고로 하여금 다툼의 대상이 되는 정보의 유형, 해당 정보를 대통령지정기록물로 보아 보호기간을 정한 절차 및 실질적인 이유, 이를 공개하지 않는 사유, 동종의 정보에 대하여 보호기간을 정한 사례의 유무 등의 간접사실에 의하여 해당 정보에 적법하게 보호기간이 정해졌는지를 증명하도록 하여야 한다. 법원은 피고가 제출한 간접사실만으로 증명이 충분하지 않아 보호기간을 정한 행위의 적법성을 의심할 만한 상당한 이유가 있는 때에 비로소 정보공개법 제20조 제2항에 따라 피고로 하여금 다툼의 대상이 된 정보를 제출하도록 하여 비공개 열람·심사를 진행할 수 있다.

요약

정보공개 거부처분을 다투는 항고소송에서, 해당 정보를 대통령지정기록물로 지정하고 보호기간을 정한 행위의 적법성을 심사하기 위해 정보공개법 제20조 제2항에 따라 비공개 열람·심사가 이루어지는 경우에는 행정청이 대통령기록물법 제17조 제4항을 근거로 자료제출을 거부할 수 없다고 해석하는 것이 헌법을 최고법규로 하는 통일적인 법질서의 형성을 위한 합헌적 법률해석의 원칙에 부합한다.

대법원 2025. 1. 23. 선고 2024두33556 판결

[사실관계]

원고는 1991. 12. 28. 순경으로 임용되어 2013. 12. 1. 경위로 승진하였고, 2020. 8. 19.부터 경기도북부경찰청 고양경찰서 ○○파출소에서 근무하여 온 경찰공무원이다.

한편 소외 1과 동거남인 소외 2의 가정은 2018년부터 2020년까지 3년간 '가정폭력 재발우려가정'으로 지정(A등급 5회, B등급 3회)되었다가 해제된 고위험가정이었다. 2021. 8. 14. 소외 2는 09:20경 소외 1이 약 4시간 동안 주거지 출입문을 열어주지 않았다는 이유로 화가 나 벽을 기대고 앉아 있던 소외 1의 얼굴 부위를 수회 폭행하여 소외 1의 머리가 벽에 부딪히게 하였다. 소외 1은 09:28경 ○○파출소에 전화하여 "제가 신고를 했었나요?"라고 반복적으로 물어보며 횡설수설하다가 전화를 끊었고, 그 후 사망하였다. 소외 2는 2021. 8. 15. 16:07경 ○○파출소에 전화하여 "아내를 죽인 것 같다.", "어제 때리긴 때렸는데 오늘 일어나 보니 사망해 있다."라고 알렸고, 17:10경 긴급체포 되었다.

원고는 위 사건과 관련하여 징계절차에 회부되었다. 피고(경기도북부경찰청장)는 '원고가 2021. 8. 14. 접수된 112신고사건과 관련하여 현장 출동하였는바, 가족구성원 간 시비를 인지하였으면 관계지침에 따라 적절한 조치를 취하여야 함에도 위험성 조사표를 작성하지 않고 112시스템 신고 종별도 정정하지 아니하여 가정폭력 사건에 대한 적절한 후속조치가 이루어지지 않게 되는 등 직무를 태만히 함으로써 국가공무원법 제56조에 따른 성실의무를 위반하였다.'는 이유로 2021. 12. 22. 원고에 대하여 견책의 징계처분을 하였다.

원고는 위 징계처분에 불복하여 소청심사위원회에 소청심사를 청구하였고, 소청심사위원회는 2022. 4. 11. 위 견책의 징계처분을 불문경고로 변경하는 결정을 하였다(이하 변경된 징계처분을 '이 사건 처분'이라 한다).

[판결요지]

☐ 신고접수 당시 사건종별 코드가 '가정폭력'으로 분류된 사건 또는 신고접수 단계에서 '가정폭력'으로 분류되지는 않았지만 신고내용의 실질이 가정폭력에 해당할 가능성이 있다는 점이 현장에서 확인된 사건의 경우, 현장출동 경찰관이 취해야 할 조치의무의 내용 및 위와 같은 일련의 조치를 충실히 하지 않은 경우, 국가공무원법 제56조에서 정한 성실의무를 위반한 것으로 평가할 수 있는지 여부(적극)

가정폭력범죄의 처벌 등에 관한 특례법, 가정폭력방지 및 피해자보호 등에 관한 법률과 '가정폭력범죄 단계별 대응모델 추진 계획', '가정폭력 대응 업무매뉴얼'의 내용을 종합적으로 살펴보면, 신고접수 당시 사건종별 코드가 '가정폭력'으로 분류된 사건 또는 신고접수 단계에서 '가정폭력'으로 분류되지는 않았지만 신고내용의 실질이 가정폭력에 해당할 가능성이 있다는 점이 현장에서 확인된 사건의 경우, 현장출동 경찰관은 ① 가정폭력 피해 상황을 조사할 때 피해자·신고자·목격자 등이 자유롭게 진술할 수 있도록 가정폭력 가해자로부터 철저히 분리된 곳에서 조사해야 하고, 허위·오인 신고를 제외하고는 원칙적으로 '가정폭력 위험성 조사표'를 작성해야 하며, ② 가정폭력범죄의 재발 위험성을 판단할 때는 가해자와 피해자의 진술에만 의존할 것이 아니라 객관적인 현장 상황, 목격자나 주변인 등의 진술, 개인휴대단말기(PDA)를 통해 확인되는 기존 신고이력 및 재발우려가정 정보 등을 종합적으로 고려해야 하고, ③ 가정구성원 사이의 신체적·재산적 피해를 수반하지 않는 단순한 다툼·언쟁에 해당하는 경우에도 '가정폭력 위험성 조사표'를 도구로 활용하여 재발 위험성을 판단하고 112시스템상의 사건종별 코드를 '가정폭력'으로 분류해야 한다.

국가공무원법 제56조는 "모든 공무원은 법령을 준수하며 성실히 직무를 수행하여야 한다."라고 규정하고 있다. 이러한 성실의무는 공무원에게 부과된 가장 기본적이고 중요한 의무로서 최대한으로 공공의 이익을 도모하고 그 불이익을 방지하기 위하여 전인격과 양심을 바쳐서 성실히 직무를 수행하여야 하는 것을 내용으로 한다. 그러므로 신고접수 당시 사건종별 코드가 '가정폭력'으로 분류되었거나 신고내용의 실질이 가정폭력에 해당할 가능성이 있는 사건에 관한 지령을 받고 현장에 출동한 경찰관이 위와 같은 일련의 조치를 충실히 하지 않은 경우에는 경찰관으로서의 직무를 태만히 한 것으로 국가공무원법 제56조에서 정한 성실의무를 위반한 것으로 평가할 수 있다.

요약

신고접수 당시 사건종별 코드가 '가정폭력'으로 분류되었거나 신고내용의 실질이 가정폭력에 해당할 가능성이 있는 사건에 관한 지령을 받고 현장에 출동한 경찰관이 일련의 조치를 충실히 하지 않은 경우에는 경찰관으로서의 직무를 태만히 한 것으로 국가공무원법 제56조에서 정한 성실의무를 위반한 것으로 평가할 수 있다.

★ 대법원 2025. 2. 20. 선고 2024두55877 판결

[사실관계]

피고보조참가인(학교법인 OO학원, 이하 '참가인'이라 한다)은 ○○대학교를 설립하여 운영하는 학교법인이다. 원고는 2007. 3. 1. ○○대학교 △△전공 전임강사로 신규 임용된 후 조교수를 거쳐 2015. 4. 1. 부교수로 승진 임용되었다. 원고의 임용기간 만료일은 2022. 2. 28.이다.

참가인은 2021. 12. 8. ○○대학교 교원인사위원회(이하 '교원인사위원회'라 한다)를 개최하여, 원고의 연구업적이 일반전임교수 재임용을 위한 필수학술논문 발표기준인 '단독논문을 기준으로 국내 A급 이상 7편' 중 6편이 부족하여 재임용에 부적합한 것으로 심의하였다. 이에 교원인사위원회는 2021. 12. 9. 원고에 대하여 필수연구업적 미충족으로 재임용이 거부되는 것으로 의결하였다. ○○대학교 총장은 2021. 12. 17. 참가인에게 원고에 대한 재임용 거부안을 제청하였다. 참가인은 2021. 12. 20. 이사회를 개최하여 원고의 재임용을 거부하기로 의결한 후 같은 날 원고에게 재임용 거부를 통지하였다(이하 '이 사건 재임용 거부통지'라 한다).

원고는 2021. 12.경 2편의 논문[①논문: (논문명 1 생략), ②논문: (논문명 2 생략)]을 국내 등재학술지에 게재하고, 2022. 1.경 교무처에 그 논문 별쇄본을 제출하였다. 원고는 이 사건 재임용 거부통지 당시 필수학술논문 발표기준에 부족했던 6편의 논문 중 별쇄본으로 제출한 2편(①논문, ②논문)을 제외한 나머지 4편의 논문[③논문: (논문명 3 생략), ④논문: (논문명 4 생략), ⑤논문: (논문명 5 생략), ⑥논문: (논문명 6 생략)]에 관하여, 2022. 2. 28. 게재예정증명서(논문 발간 예정일 모두 2022. 2. 28. 자임)를 발급받아 교무처에 제출하였다. 4편의 논문은 한국연구재단 등재학술지에 게재되었는데, ③논문은 2022. 2. 28. 18:21:50경, ④논문은 2022. 3. 21. 09:39:26경, ⑤논문은 2022. 3. 12. 15:14:02경, ⑥논문은 2022. 3. 11. 14:16:24경 한국학술지인용색인(Korea Citation Index, 이하 'KCI'라 한다)에 최초로 등록되어 통합검색 등 온라인으로 확인할 수 있는 상태가 되었다.

한편 교무처장은 2022. 2. 28. △△과 학과장을 통해 원고에게 '재임용에서 탈락되었다.'는 취지로 안내하고, 2022. 3. 3. 원고에 대하여 '2022. 2. 28.까지 4편의 논문에 관한 별쇄본이 제출되지 않았고, 2022. 3. 2. KCI 사이트에서 검색되는 논문이 1편(③논문)에 불과하다.'는 이유로, ○○○대학교 교원인사규정(이하 '교원인사규정'이라 한다) 제38조에 근거하여 최종적으로 퇴직 처리하였다. 원고는 2022. 3. 30. 피고(교원소청심사위원회)에게 이 사건 재임용 거부처분의 취소를 구하는 소청심사를 청구하였다(이하 '이 사건 소청심사 청구'라 한다). 피고는 2022. 7. 6. 원고가 임용기간 만료일까지 4편의 논문에 대한 게재예정증명서만을 제출하였을 뿐 교원인사규정 제38조 제3호에서 규정한 '임용기간 내 원본을 제출하는 조건'을 충족하지 못하여 이 사건 재임용 거부처분이 적법하다는 이유로 이 사건 소청심사 청구를 기각하였다(이하 '이 사건 결정'이라 한다). 이에 원고는 이 사건 결정에 대한 취소소송을 행정법원에 제기하였다.

[판결요지]

☐ 재임용 심의사유를 학칙이 정하는 객관적인 사유에 근거하도록 한 사립학교법 제53조의2 제7항 전문의 규정 취지 / 사립대학 교원에 대한 재임용 거부의 객관적 사유가 전혀 존재하지 않거나 재임용 심사에서 재량권을 일탈·남용한 결과 합리적인 기준에 기초한 공정한 심사가 결여된 재임용 거부결정의 효력(무효) / 재량권의 일탈·남용으로 인한 재임용 거부결정의 무효 사유에 관한 증명책임의 소재(=이를 주장하는 사람)

사립학교법 제53조의2 제7항 전문에서 재임용 심의사유를 학칙이 정하는 객관적인 사유에 근거하도록 규정한 취지는 대학교원으로서의 재임용 자격 내지 적격성 유무가 임용권자의 자의가 아니라 학생교육에 관한 사항, 학문연구에 관한 사항과 학생지도에 관한 사항에 대한 평가 등 객관적인 사유에 의하여 심의되어야 할 뿐만 아니라, 해당 교원에게 사전에 심사방법의 예측가능성을 제공하고 사후에는 재임용 거부결정이 합리적인 기준에 의하여 공정하게 이루어졌는지를 심사할 수 있도록 재임용 심사기준이 사전에 객관적인 규정으로 마련되어 있어야 함을 요구하는 것으로 보아야 한다.

사립대학 교원에 대한 재임용 거부의 객관적 사유, 즉 재임용 심사기준에 미달된다는 사유가 전혀 존재하지 않거나 그 사유가 존재한다 하더라도 교원으로서의 능력과 자질을 검증하여 적격성 유무를 심사하기 위한 재임용 심사에서의 재량권을 일탈·남용한 결과 합리적인 기준에 기초한 공정한 심사가 결여된 것으로 인정되어 그 사법상의 효력 자체를 부정하는 것이 사회통념상 타당하다고 인정될 경우에는 그 재임용 거부결정은 무효라고 볼 수 있다. 재량권의 일탈·남용으로 인한 재임용 거부결정의 무효 사유에 관하여는 이를 주장하는 사람이 증명책임을 부담한다.

요약

❶ 재임용 심의사유를 학칙이 정하는 객관적인 사유에 근거하도록 규정한 취지는 해당 교원에게 사전에 심사방법의 예측가능성을 제공하고 사후에는 재임용 거부결정이 합리적인 기준에 의하여 공정하게 이루어졌는지를 심사할 수 있도록 재임용 심사기준이 사전에 객관적인 규정으로 마련되어 있어야 함을 요구하는 것으로 보아야 한다.

❷ 재임용 심사기준에 미달된다는 사유가 전혀 존재하지 않거나 그 사유가 존재한다 하더라도 교원으로서의 능력과 자질을 검증하여 적격성 유무를 심사하기 위한 재임용 심사에서의 재량권을 일탈·남용한 결과 합리적인 기준에 기초한 공정한 심사가 결여된 것으로 인정되어 그 사법상의 효력 자체를 부정하는 것이 사회통념상 타당하다고 인정될 경우에는 그 재임용 거부결정은 무효라고 볼 수 있다.

❸ 재량권의 일탈·남용으로 인한 재임용 거부결정의 무효 사유에 관하여는 이를 주장하는 사람이 증명책임을 부담한다.

대법원 2025. 2. 20. 선고 2024두52427 판결

[판결요지]

☐ 도시 및 주거환경정비법 제27조 제1항에 따라 신탁업자가 사업시행자인 재개발사업 또는 재건축사업에서 신탁업자와 토지 등 소유자 사이에 '위탁자'의 지위에 관한 분쟁이 발생하는 경우, 토지 등 소유자가 위탁자 지위의 확인을 구하는 소송의 형태(=신탁업자를 상대로 한 공법상 당사자소송)

도시 및 주거환경정비법(이하 '도시정비법'이라 한다)상 재건축사업이나 재개발사업의 사업시행자가 조합인 경우 조합과 토지 등 소유자 사이에 조합원 지위에 관하여 분쟁이 발생하면 토지 등 소유자는 조합을 상대로 공법상의 당사자소송에 의하여 조합원 자격의 확인을 구할 수 있다. 이에 반해 도시정비법상 재개발사업이나 재건축사업의 사업시행자가 도시정비법 제27조 제1항에 따른 신탁업자인 경우에는 사업시행을 위한 조합이 설립되지 않으므로 조합원의 지위가 예정되어 있지 않으나, 도시정비법 제39조 제1항은 재개발사업 또는 재건축사업의 사업시행자가 신탁업자인 경우에는 위탁자가 앞서 본 조합원에 해당한다고 규정하고 있다.

따라서 도시정비법 제27조 제1항에 따라 신탁업자가 사업시행자인 재개발사업 또는 재건축사업에서 신탁업자와 토지 등 소유자 사이에 '위탁자'의 지위에 관한 분쟁이 발생하는 경우, 토지 등 소유자는 사업시행자인 신탁업자를 상대로 마찬가지로 공법상 당사자소송에 의하여 앞서 본 '조합원' 개념에 대응되는 '위탁자' 지위의 확인을 구하는 소를 제기할 수 있다고 보아야 한다.

요약

신탁업자가 사업시행자인 재개발사업 또는 재건축사업에서 신탁업자와 토지 등 소유자 사이에 '위탁자'의 지위에 관한 분쟁이 발생하는 경우, 토지 등 소유자는 사업시행자인 신탁업자를 상대로 공법상 당사자소송에 의하여 '위탁자' 지위의 확인을 구하는 소를 제기할 수 있다.

대법원 2025. 2. 27. 선고 2024두47890 판결

[사실관계]

원고(주식회사 OO)는 2009. 8. 17. 공군 제△△전투비행단과 사이에 원고가 □□체력단련장(비행단 내에 있는 골프장을 말한다. 이하 '체력단련장'이라 한다)에 전자유도카트시스템을 설치하고 이를 기부채납하는 대가로 원고가 그 전자유도카트시스템을 운영하면서 받는 수익금이 당사자들이 합의한 기초가액(이는 원고가 설치한 전자유도카트시스템의 설치비용 또는 그 감정평가액을 의미한다)에 이르러 더 이상 정산금이 남아 있지 않을 때까지 원고가 위 전자유도카트시스템(이하 '이 사건 시설'이라 한다)과 그 부지(이하 '이 사건 토지'라 한다)를 무상으로 사용·수익할 수 있다는 내용의 합의(이하 '이 사건 합의'라 한다)를 하였다. 체력단련장의 시설과 부지에 대한 사용·수익 허가권을 가지는 피고(강원시설단장)는 원고가 이 사건 시설을 설치하고 기부채납하자, 원고에 대하여 이 사건 시설 및 토지에 대한 사용·수익 허가(이하 '이 사건 허가'라 한다)를 하였다.

공군 제△△전투비행단장은 2017. 8. 30. 원고에 대하여 원고가 이 사건 시설을 운영하면서 받은 수익금이 이 사건 합의에서 정한 기초가액을 넘어 더 이상 정산금이 남지 않았다고 통보하였다. 피고는 2018. 2. 8. 원고에게 이 사건 시설과 이 사건 토지에 대한 무상사용 허가기간이 2017. 10. 31.자로 만료되었다고 통보하였고, 2018. 2. 28.부터 원고가 이를 사용하지 못하도록 하였다.

원고는 2020. 8. 4. 피고에게 이 사건 시설의 사용료로 정산되어야 할 금액 550,926,569원이 남아 있으므로 원고의 수익금이 위 금액에 이를 때까지인 약 3년 동안 이 사건 시설 및 토지의 무상사용 허가를 신청(이하 '이 사건 허가신청'이라 한다)하였다. 이에 피고는 2020. 10. 20. 원고에게 기부채납된 재산에 대한 정산이 2018. 2.경 최종 만료되었고, 모든 절차가 적법하게 진행된 것으로 판단되므로 무상사용 허가신청 대상이 아니라는 취지로 원고의 무상사용 허가신청에 대한 거부처분(이하 '이 사건 처분'이라 한다)을 하였다. 이에 원고는 이 사건 처분에 대한 취소를 구하는 소송을 제기하였다.

[판결요지]

[1] 행정재산의 사용허가에 관한 행정청의 재량행위가 사실오인 등에 근거한 경우, 재량권을 일탈·남용한 것으로서 위법한지 여부(적극)

행정청이 행정재산에 대한 사용허가를 할 것인지는 재량행위로서, 재량행위에 대한 법원의 사법심사는 그 행위가 사실오인, 비례·평등의 원칙 위배, 해당 행위의 목적 위반이나 부정한 동기 등에 근거하여 이루어짐으로써 재량권의 일탈·남용이 있는지 여부만을 심사하게 되는 것이나, 법원의 심사 결과 행정청의 재량행위가 사실오인 등에 근거한 것이라고 인정되는 경우에는 이는 재량권을 일탈·남용한 것으로서 위법하여 취소를 면치 못한다.

[2] 공법상 계약 체결에 따른 권리를 취득한 상대방이 권리의 실질적 보장을 위한 방법으로 공법상 계약의 상대방인 행정청을 상대로 수익적 행정행위를 신청한 경우, 행정청은 공법상 계약에 반하지 않는 범위에서 재량권을 행사해야 하는지 여부(원칙적 적극)

공법상 계약 체결에 따른 권리를 취득한 상대방이 그러한 권리의 실질적 보장을 위한 방법의 하나로 공법상 계약의 상대방 측인 행정청을 상대로 수익적 행정행위를 신청하였고 그러한 신청이 공법상 계약에 따른 권리·의무의 이행방식에 위배되는 것이 아니라면, 수익적 행정행위 형식으로 공법상 계약의 권리를 실현시키기 어려운 사정변경이 생겼거나 중대한 공익상의 필요가 발생한 경우와 같이 특별한 사정이 없는 이상, 행정청으로서는 수익적 행정행위에 관한 재량권을 공법상 계약에 반하지 않는 범위에서 행사해야 한다.

요약

공법상 계약 체결에 따른 권리를 취득한 상대방이 공법상 계약의 상대방 측인 행정청을 상대로 수익적 행정행위를 신청한 경우, 행정청으로서는 수익적 행정행위에 관한 재량권을 공법상 계약에 반하지 않는 범위에서 행사해야 한다.

대법원 2025. 2. 27. 선고 2023다233895 판결

[사실관계]

대법원은 2020. 5. 28. 이른바 '가수 ○○○ 그림대작 형사사건'(이하 '관련 형사사건'이라 한다)의 공개변론을 진행하였다. ○○○의 매니저인 원고는 공동피고인으로서 공개변론 법정에 출석하였다.

대법원은 공개변론 과정을 촬영하여 대법원 홈페이지와 인터넷 포털사이트로 실시간 중계하였다. 공개변론 과정에서 원고가 출석 확인절차에서 실명으로 호명되는 모습, 변호인의 변론 과정에서 원고가 피고인석에 앉아 있는 모습과 이후 최후변론을 하는 모습이 중계영상에 노출되었다. 대법원 담당공무원은 2020. 6. 9. 위와 같이 촬영된 공개변론 동영상을 원고의 실명 부분은 들리지 않게 처리한 다음 대법원 홈페이지에 게시하였다.

이에 원고는 대한민국을 상대로 손해배상청구소송을 제기하였다.

[판결요지]

[1] 법관의 재판에 대한 국가배상책임이 인정되기 위한 요건

법관의 재판에 법령 규정을 따르지 않은 잘못이 있더라도 이로써 바로 재판상 직무행위가 국가배상법 제2조 제1항에서 말하는 위법한 행위로 되어 국가의 손해배상책임이 발생하는 것은 아니고, 국가배상책임이 인정되려면 법관이 위법하거나 부당한 목적을 가지고 재판을 하였다거나 법이 법관의 직무수행상 준수할 것을 요구하고 있는 기준을 현저하게 위반하는 등 법관이 그에게 부여된 권한의 취지에 명백히 어긋나게 이를 행사하였다고 인정할 만한 특별한 사정이 있어야 한다.

[2] 대법원에서의 변론에 관한 규칙에서 대법원 변론 또는 선고를 중계방송하거나 녹화의 결과물을 인터넷 홈페이지 등에 게시할 수 있도록 규정한 취지 및 위 대법원 규칙에 따라 이루어진 대법원 변론 또는 선고의 중계방송 내지 녹화 결과물의 게시에 대하여 국가배상책임이 인정될 수 있는지 여부(원칙적 소극)

법원조직법 제59조는 "누구든지 법정 안에서는 재판장의 허가 없이 녹화, 촬영, 중계방송 등의 행위를 하지 못한다."라고 규정하고 있다. 대법원에서의 변론에 관한 규칙 제7조의2 제1항은 "누구든지 대법원 변론 또는 선고에 대한 녹음, 녹화, 촬영 및 중계방송을 하고자 하는 때에는 재판장의 허가를 받아야 한다."라고 규정하고 제2항은 "재판장은 필요하다고 인정하는 경우 대법원 변론 또는 선고를 인터넷, 텔레비전 등 방송통신매체를 통하여 방송하게 할 수 있고, 변론 또는 선고에 관한 녹음, 녹화의 결과물을 인터넷 홈페이지 등을 통해 공개할 수 있다."라고 규정하며, 제3항은 "재판장은 소송관계인의 변론권·방어권 기타 권리의 보호, 법정의 질서유지 또는 공공의 이익을 위하여 변론 또는 선고에 대한 녹음, 녹화, 촬영 및 중계방송 등 행위의 시간·방법을 제한하거나 허가에 조건을 부가하는 등 필요한 조치를 취할 수 있다."라고 규정한다.

위 대법원 규칙에서 대법원 변론 또는 선고를 중계방송하거나 녹화의 결과물을 인터넷 홈페이지 등에 게시할 수 있도록 규정하는 것은 헌법에서 규정하는 공개재판의 원칙을 보다 적극적으로 구현함으로써 재판의 공정성과 투명성, 재판에 관한 신뢰를 제고할 뿐만 아니라 해당 재판의 쟁점을 일반 국민에게 알려 사회적으로 그에 관한 인식을 공유하도록 함으로써 궁극적으로는 재판당사자가 가지는 공정한 공개재판을 받을 권리와 일반 국민의 알 권리를 실질적으로 실현하기 위한

것이다. 위 대법원 규칙에 따라 재판장이 대법원 변론 또는 선고의 중계방송이나 녹화 결과물의 게시를 하도록 하거나 그 중계방송 등 행위의 제한이나 조건의 부가 등 필요한 조치를 하는 것은 중계방송이나 녹화 결과물 게시를 통해 달성하고자 하는 공공의 이익과 재판당사자의 초상권 등 인격권 침해 우려 사이에서 여러 사정을 종합적으로 고려한 이익형량을 통하여 이루어진 것으로 볼 수 있다. 재판장의 그러한 판단이 법관의 직무수행상 준수할 것으로 요구되는 기준을 현저하게 위반하는 등 법관이 그에게 부여된 권한의 취지에 명백히 어긋나게 이를 행사하였다고 볼 사정이 없는 이상, 그에 따라 이루어진 <u>대법원 변론 또는 선고의 중계방송 내지 녹화 결과물의 게시에 대하여 국가배상책임이 인정될 수는 없다.</u>

[3] 대법원이 '가수 갑의 그림대작 형사사건'의 공개변론 과정을 촬영하여 대법원 홈페이지와 인터넷 포털사이트로 실시간 중계하고, 대법원 담당공무원이 위와 같이 촬영된 공개변론 동영상을 대법원 홈페이지에 게시하자, 공개변론 법정에 공동피고인으로 출석하였던 갑의 매니저 을이 자신의 초상권이 침해당하였다며 국가배상을 청구한 사안에서, 공개변론 후 그 녹화 결과물을 게시하도록 한 재판장의 명령에는 위법 또는 부당한 목적을 가지고 있었다거나 법관이 직무수행상 준수할 것을 요구하는 기준을 현저하게 위반한 위법이 있다고 보기 어렵고, 녹화 결과물을 게시한 담당공무원의 직무행위는 재판장의 명령에 따른 것에 불과하여 별도의 위법성을 인정하기 어려운데도, 이에 관하여 제대로 심리·판단하지 않은 채 공개변론의 녹화 결과물을 게시할 때 을의 얼굴에 모자이크 처리를 하지 않았다는 이유로 을의 초상권이 침해되었다고 보아 국가배상책임을 인정한 원심판단에 법리오해 등의 잘못이 있다고 한 사례

대법원이 '가수 갑의 그림대작 형사사건'의 공개변론 과정을 촬영하여 대법원 홈페이지와 인터넷 포털사이트로 실시간 중계하고, 대법원 담당공무원이 위와 같이 촬영된 공개변론 동영상을 대법원 홈페이지에 게시하자, 공개변론 법정에 공동피고인으로 출석하였던 갑의 매니저 을이 자신의 초상권이 침해당하였다며 국가배상을 청구한 사안에서, 위 형사사건에서 당시 비교적 널리 알려진 연예인이었던 갑이 자신의 조수 화가가 그림 대부분을 그린 사정을 고지하지 않은 채 그림을 판매한 행위가 사기죄에 해당하는지는 국민 다수가 관심을 가지고 있었고, 미술품의 저작행위와 저작자가 무엇인지에 관한 쟁점을 포함하여 광범위한 사회적 논의가 이루어질 수 있는 사안이었던 점, 대법원은 이러한 공공적 특성을 감안하여 공개변론을 열었고, 재판장은 공개변론을 중계방송하고 녹화 결과물을 게시하도록 하였던 점, 을은 이미 방송에 출연한 바 있고 위 형사사건과 관련된 언론 인터뷰에도 응하면서 자신의 얼굴과 함께 갑의 매니저로서 지위를 스스로 널리 알렸던 점 등의 사정을 고려하면, 공개변론 후 그 녹화 결과물을 게시하도록 한 재판장의 명령에는 위법 또는 부당한 목적을 가지고 있었다거나 법관이 직무수행상 준수할 것을 요구하는 기준을 현저하게 위반한 위법이 있다고 보기 어려워 이에 대한 국가배상책임이 인정된다고 보기 어렵고, 녹화 결과물을 게시한 담당공무원의 직무행위는 이러한 재판장의 명령에 따른 것에 불과하여 거기에 별도의 위법성을 인정하기 어려운데도, 이에 관하여 제대로 심리·판단하지 않은 채 공개변론의 녹화 결과물을 게시할 때 을의 얼굴에 모자이크 처리를 하지 않았다는 이유로 을의 초상권이 침해되었다고 보아 국가배상책임을 인정한 원심판단에 법리오해 등의 잘못이 있다고 한 사례.

> **요약**
> 대법원 변론 또는 선고의 중계방송 내지 녹화 결과물의 게시에 대하여 국가배상책임이 인정될 수는 없다.

대법원 2025. 3. 13. 선고 2024두58692 판결

[사실관계]

피고 인천광역시는 2009. 8.부터 '인천광역시 시내버스 수입금공동관리 준공영제'(이하 '이 사건 준공영제'라 한다)를 시행하고 있다. 원고는 이 사건 준공영제에 참여한 버스운송사업자로서, 인천광역시내 노선번호 (노선번호 1 생략), (노선번호 2 생략), (노선번호 3 생략), (노선번호 4 생략), (노선번호 5 생략) 및 (노선번호 6 생략) 등 6개의 버스 노선을 운영하고 있다.

피고 인천광역시는 이 사건 준공영제에 따라 각 버스운송사업자들에게 실제 지출한 연료비를 재정지원금으로 정산해 주었다. 피고 인천광역시장은 2015. 4. 무렵 연료비 절감을 위하여 표준연료비를 기준으로 연료비를 정산하는 내용의 '표준연비제 시행계획'을 마련하고, 2015. 6. 26. 원고를 비롯한 버스운송사업자들에게 이를 통지하였다. 여기서 '표준연료비'는 '(표준이동거리 ÷ 표준연비) × 경유·CNG 단가 × 운행횟수'의 공식으로 계산이 되고, '표준이동거리'는 '평균 노선운행거리 + 평균 공차거리'의 공식으로 계산이 된다.

소외 회계법인은 피고 인천광역시장의 위임에 따라 표준연비제 시행을 위하여 2017. 10. 25. 2016. 4.부터 2017. 3.까지의 노선별·차량별·월별 운행기록을 기초로 노선별 표준연비 및 표준이동거리를 산정하였다. 피고 인천광역시장은 2018. 8. 무렵 원고 등에게 '2018. 준공영제 시내버스 표준연비제 시행계획'을 통지하였는데, 그 계획에는 소외 회계법인이 산정한 노선별 표준연비 및 표준이동거리가 포함되어 있었다.

피고 인천광역시장은 원고에게, ① 2017. 3. 9. (노선번호 1 생략) 버스 노선을 변경하여 해당 노선의 인가 운행거리를 63.7km에서 58km로 단축하는 내용이 포함된 노선조정 개선명령을, ② 2017. 3. 29. (노선번호 6 생략) 버스 노선을 변경하여 해당 노선의 인가 운행거리를 24.6km에서 23.5km로 단축하는 내용이 포함된 노선조정 개선명령을, ③ 2017. 7. 7. (노선번호 1 생략) 버스 노선을 변경하여 해당 노선의 인가 운행거리를 58km에서 63.7km로 연장하는 내용이 포함된 노선조정 개선명령을, ④ 같은 날 (노선번호 3 생략) 버스 노선을 변경하여 해당 노선의 인가 운행거리를 23km에서 27.8km로 연장하는 내용이 포함된 노선조정 개선명령을, ⑤ 2018. 5. 15. (노선번호 1 생략) 버스 노선을 변경하여 해당 노선의 인가 운행거리를 63.7km에서 67.4km로 연장하는 내용이 포함된 노선조정 개선명령을, ⑥ 2019. 3. 13. (노선번호 2 생략) 버스 노선을 변경하여 해당 노선의 인가 운행거리를 33.1km에서 36.5km로 연장하는 내용이 포함된 노선조정 개선명령을 각각 통보하였다(위 각 개선명령을 각 순번에 따라 이하 '이 사건 제○ 개선명령'이라 하고, 모두 합하여 부를 때에는 '이 사건 각 개선명령'이라 한다).

피고 인천광역시장은 원고 등 버스운송사업자들에게, 2018. 8. 31. '표준연비제 시행에 따른 협조 및 제출자료 안내', 2018. 9. 14. '표준연비 조사표 제출 및 신규·변경 노선에 대한 표준연비 적용 기준통보', 2019. 4. 22. '여객자동차 운송사업 개선명령 등에 따른 신규·변경 노선 표준연비 재산정을 위한 자료 제출요청'을 보내는 등의 방법으로 신규 노선과 변경 노선에 대한 표준연비 산정 및 재산정에 필요한 자료제출을 요청하였고, 2019. 11. 18. 표준연비 및 표준이동거리 재조정 요청을 2019. 11. 20.까지 마감한다는 내용의 '표준연비 및 표준이동거리 재조정 요청 마감 안내'를 보냈다. 그러나 원고는 요청받은 변경 노선에 관한 자료를 피고 인천광역시장이 제시한 양식에 맞추어 제출하지 않았다.

피고 인천광역시장은 2020. 9. 9. 원고에게, 이 사건 제⑤, ⑥ 개선명령에 따라 연장된 인가 운행거리를 반영하지 않은 표준연비 및 표준이동거리에 기초하여 2018. 10. 1.부터 2019. 9. 30.까지의 기간 동안 원고에게 초과지급된 표준연료비를 173,808,910원으로 계산하고, 그 초과지급액을 2020. 9.부터 2020. 12.까지 4개월간 피고 인천광역시가 원고에게 지급하여야 할 재정지원금에서 분할공제하여 정산하는 내용이 포함된 '표준연비 연정산 세부계획 통보'를 하였다.

피고 인천광역시장은 2021. 4. 26. 원고에게, 이 사건 제⑤, ⑥ 개선명령에 따라 연장된 인가 운행거리를 반영하지 않은 표준연비 및 표준이동거리에 기초하여 2019. 10. 1.부터 2020. 12. 31.까지의 기간 동안 원고에게 초과지급된 표준연료비를 153,749,500원으로 계산하고, 그 초과지급액을 2021. 5.부터 2021. 8.까지 4개월간 피고 인천광역시가 원고에게 지급하여야 할 재정지원금에서 분할공제하여 정산하는 내용이 포함된 '표준연비제 2차 표준 연료비 정산 시행계획 알림' 통보를 하였다(피고 인천광역시장이 원고에게 한 위 각 정산통보를 합쳐 이하 '이 사건 각 정산처분'이라 한다).

[판결요지]

□ 행정청이 과거 상대방에게 한 특정한 처분으로 그에게 유리한 사실관계가 형성되었음을 인식하고도 이를 반영하지 않은 채 재량권을 행사한 경우, 재량권 일탈·남용에 해당하여 위법한지 여부(적극) 및 행정청이 상대방에게 그와 같은 사실관계에 관한 자료 제출을 요청했으나 그가 이를 제대로 이행하지 않은 경우라도 마찬가지인지 여부(원칙적 적극)

재량행위에 대한 법원의 사법심사는 당해 행위가 사실오인, 비례·평등의 원칙 위배, 당해 행위의 목적 위반이나 부정한 동기 등에 근거하여 이루어짐으로써 재량권을 일탈·남용한 위법이 있는지 여부만을 심사하게 되는 것이나, 법원의 심사 결과 행정청의 재량행위가 사실오인 등에 근거한 것이라고 인정된다면 이는 재량권을 일탈·남용한 것으로서 위법하여 취소를 면치 못한다. 만약 행정청이 과거 상대방에게 한 특정한 처분으로 인하여 그에게 유리한 사실관계가 형성되었음을 인식하고 있었음에도 이를 반영하지 않은 채 재량권을 행사했다면, 이는 행정청의 사실오인에 기초한 것으로서 재량권 일탈·남용에 해당하여 위법하다. 행정청이 상대방에게 그와 같은 사실관계에 관한 자료의 제출을 요청했으나 그가 이를 제대로 이행하지 않은 경우라고 하더라도, 그러한 사정으로 인하여 행정청이 사실오인을 일으켰다는 등의 특별한 사정이 없는 한, 마찬가지이다.

요약

만약 행정청이 과거 상대방에게 한 특정한 처분으로 인하여 그에게 유리한 사실관계가 형성되었음을 인식하고 있었음에도 이를 반영하지 않은 채 재량권을 행사했다면, 이는 행정청의 사실오인에 기초한 것으로서 재량권 일탈·남용에 해당하여 위법하다.

대법원 2025. 3. 13. 선고 2024두54683 판결

[사실관계]

원고는 직업환경의학 전문의로, 2021. 5. 7. 피고보조참가인(이하 '참가인'이라 한다)과 계약기간을 같은 날부터 2022. 5. 6.까지로 정한 근로계약을 체결하고 참가인이 운영하는 의원에서 근무하였다. 참가인은 2021. 6. 29. 원고에게 문자메시지로 해고를 통지하였고(이하 '이 사건 해고'라 한다) 원고는 이 사건 해고가 부당하다고 주장하면서 2021. 9. 10. 충남지방노동위원회에 부당해고 구제신청을 하였다.

참가인은 원고에게 문자메시지로 해고를 통보한 것은 절차위반이라고 판단하여 적법한 절차를 거쳐 다시 해고하기 위해 2021. 9. 30. 18:26 원고에게 카카오톡 메시지, 문자메시지, 이메일로 '복직 및 출근명령'(이하 '이 사건 복직명령'이라 한다)을 보냈다. 원고의 대리인은 2021. 9. 30. 21:11 충남지방노동위원회에 이메일로 근로기준법 제30조 제3항에 따른 금품지급명령(이하 '금전보상명령'이라 한다) 신청서를 제출하였고, 충남지방노동위원회는 2021. 10. 1. 참가인의 대리인에게 원고가 금전보상명령신청을 한 사실을 서면으로 알렸다.

참가인은 2021. 10. 1. 원고에게 같은 날 18:00로 지정된 인사위원회에 출석할 것을 요구하는 출석요구서를 보냈고, 원고는 2021. 10. 1. 참가인에게 '발신일을 복직일로 하는 복직명령은 구제신청에 대한 회피 목적이고, 이 사건 복직명령 이전에 금전보상명령을 신청하였으므로 이 사건 복직명령 및 인사위원회 출석요구에 따른 의무가 없다.'는 내용의 문서를 보냈다.

충남지방노동위원회는 2021. 11. 18. 원고가 신청한 금전보상액 중 일부를 받아들이는 금전보상명령을 하였으나, 중앙노동위원회는 2022. 2. 28. '참가인이 충남지방노동위원회로부터 금전보상신청 명령서를 송달받기 전에 이 사건 복직명령을 하여 이 사건 해고를 취소하였고, 이 사건 복직명령에 진정성이 있으므로 원고의 구제신청은 구제이익이 인정되지 않는다.'는 이유로 초심판정을 취소하고 원고의 구제신청을 기각하였다(이하 '이 사건 재심판정'이라 한다).

한편 참가인은 이 사건 복직명령을 하며 해고기간 동안의 임금 상당액을 지급하겠다는 의사를 표시하였으나, 이 사건 재심판정일까지 실제로 지급하지는 않았다.

[판결요지]

[1] 부당해고 구제신청 후 사용자가 해고를 취소하여 원직복직을 명하고 임금 상당액을 지급한 경우, 근로자가 금전보상명령을 받을 구제이익이 소멸하는지 여부(원칙적 소극)

근로기준법 제30조 제3항은 노동위원회는 부당해고에 대한 구제명령을 할 때에 근로자가 원직복직을 원하지 않으면 원직복직을 명하는 대신 근로자가 해고기간 동안 근로를 제공했더라면 받을 수 있었던 임금 상당액(이하 '임금 상당액'이라 한다) 이상의 금품을 근로자에게 지급하도록 명할 수 있다고 규정하고 있다. 이러한 금전보상명령은 원직복직명령을 대신하는 것이고 그 금액도 임금 상당액 이상의 금액이므로, 부당해고 구제신청 후 사용자가 해고를 취소하여 원직복직을 명하고 임금 상당액을 지급했더라도 특별한 사정이 없는 한 근로자가 금전보상명령을 받을 구제이익이 소멸하는 것은 아니다.

[2] 중앙노동위원회가 부당해고 구제명령을 받을 구제이익이 있는지 판단하는 기준 시기(=재심판정 당시)

부당해고 구제명령을 받을 구제이익은 구제명령을 할 당시를 기준으로 판단해야 하므로, 중앙노동위원회는 재심판정 당시를 기준으로 구제이익이 있는지를 판단해야 한다.

요약

❶ 부당해고 구제신청 후 사용자가 해고를 취소하여 원직복직을 명하고 임금 상당액을 지급했더라도 특별한 사정이 없는 한 근로자가 금전보상명령을 받을 구제이익이 소멸하는 것은 아니다.

❷ 중앙노동위원회는 재심판정 당시를 기준으로 구제이익이 있는지를 판단해야 한다.

★ 대법원 2025. 3. 13. 선고 2024두45788 판결

[사실관계]

원고 1 내지 19는 콜린알포세레이트(Choline Alfoscerate) 성분의 경구·시럽·주사제에 해당하는 이 사건 약제를 구 국민건강보험법(2023. 5. 19. 법률 제19420호로 개정되기 전의 것, 이하 같다)에 따른 요양급여대상 약제로 제조·판매하는 회사들이고, 나머지 원고들은 구 국민건강보험법 적용을 받는 건강보험 가입자 또는 피부양자로서 이 사건 약제를 처방받아 복용하고 있는 환자들이다.

이 사건 약제는 당초 구 「국민건강보험 요양급여의 기준에 관한 규칙」(2020. 10. 8. 보건복지부령 제755호로 개정되기 전의 것, 이하 '구 요양급여기준규칙'이라 한다) 제8조 제2항에 따라 피고가 고시하는 「약제 급여 목록 및 급여 상한금액표」(이하 '약제급여목록표'라 한다)에 등재되어 국민건강보험법상 요양급여대상으로 됨으로써 이를 처방받은 외래환자는 30%의 본인부담률을 적용받아 왔다.

피고(보건복지부장관)는 2020. 8. 26. 보건복지부고시 제2020-183호로 「요양급여의 적용기준 및 방법에 관한 세부사항」(이하 '요양급여적용기준'이라 한다)을 개정함으로써 이 사건 약제의 요양급여대상 세부인정기준과 방법을 변경하였다. 그 결과 이 사건 약제를 치매 진단을 받은 환자의 "뇌혈관 결손에 의한 2차 증상 및 변성 또는 퇴행성 뇌기질성 정신증후군: 기억력저하와 착란, 의욕 및 자발성 저하로 인한 방향감각장애, 의욕 및 자발성 저하, 집중력감소"에 대해 투여하는 경우에 한하여 기존과 동일하게 요양급여대상으로 인정되고, 그 이외의 질환에 대해서는 선별급여대상으로 지정되어 환자 본인부담률이 80%로 상향되었다(이와 같이 개정된 요양급여적용기준 고시를 이하 '이 사건 고시'라 한다). 즉 이 사건 고시는 기존에 요양급여대상이었던 이 사건 약제에 관하여 특정 질환에 대해서는 종전과 같이 그대로 요양급여대상으로 유지하면서, 그 외의 질환에 대해서는 선별급여대상으로 변경한 것이다.

이에 원고들은 이 사건 고시에 대한 취소를 구하는 소송을 제기하였다.

[판결요지]

[1] 구 국민건강보험법 제41조의4에서 정한 선별급여가 같은 법 제41조 제3항에서 보건복지부령에 위임한다고 말하는 요양급여에 포함되는지 여부(적극) / 보건복지부고시 '요양급여의 적용기준 및 방법에 관한 세부사항'이 상위법령의 위임 및 근거에 따라 고시된 것인지 여부(적극)

구 국민건강보험법(2023. 5. 19. 법률 제19420호로 개정되기 전의 것, 이하 같다) 제41조 제3항에서는 요양급여의 방법·절차·범위·상한 등의 기준은 보건복지부령으로 정한다고 규정하고, 그 위임을 받은 구 국민건강보험 요양급여의 기준에 관한 규칙(2020. 10. 8. 보건복지부령 제755호로 개정되기 전의 것) 제5조 제2항에서는 요양급여의 적용기준 및 방법에 관한 세부사항은 의약계·공단 및 건강보험심사평가원의 의견을 들어 보건복지부장관이 정하여 고시한다고 규정하고 있다. 이에 따라 보건복지부장관은 요양급여대상인 약제와 그 약제의 급여 상한금액에 관하여는 '약제 급여 목록 및 급여 상한금액표'를 고시하여 결정하고, 이와 같이 요양급여대상으로 결정·고시된 약제에 대한 요양급여가 어떠한 기준과 방법, 범위 내에서 지급되는지 등에 관한 세부사항에 관하여는 '요양급여의 적용기준 및 방법에 관한 세부사항'(이하 '요양급여적용기준'이라 한다)을 고시하여 결정한다.

한편 구 국민건강보험법 제41조의4 제1항에서는 요양급여를 결정하는 데에 경제성 또는 치료효

과성 등이 불확실하여 그 검증을 위하여 추가적인 근거가 필요하거나 경제성이 낮아도 가입자와 피부양자의 건강회복에 잠재적 이익이 있는 등 대통령령으로 정하는 경우에는 예비적인 요양급여인 선별급여로 지정하여 실시할 수 있다고 규정한다. 그리고 구 '선별급여 지정 및 실시 등에 관한 기준'(2020. 8. 12. 보건복지부고시 제2020-172호로 개정되기 전의 것, 이하 '구 선별급여지정기준'이라 한다) 제3조 제2항에서는 선별급여로 지정된 항목 및 본인부담률은 [별표 2]와 같고, 다만 앞서 본 '요양급여적용기준'에서 급여대상 이외 선별급여를 별도로 정하여 실시하는 경우는 해당 항목의 세부인정사항에 따른다고 규정한다. 그리하여 보건복지부장관은 선별급여의 대상 및 본인부담률을 '구 선별급여지정기준'에서 정하거나 혹은 '요양급여적용기준'에서 별도로 정하여 고시함으로써 이를 실시할 수 있다.

이러한 관련 규정의 내용과 체계, 선별급여제도의 도입배경 및 입법 취지 등을 종합하면, 선별급여는 구 국민건강보험법 제41조 제3항에서 말하는 요양급여에 포함되는 것으로서, 요양급여적용기준은 위와 같은 규정 등을 포함한 상위법령의 위임 및 근거에 따라 고시된 것이다.

[2] 요양급여대상을 선별급여대상으로 변경한 보건복지부고시 '요양급여의 적용기준 및 방법에 관한 세부사항'에 요양급여대상 약제를 비급여대상 약제로 변경할 때 적용되는 구 국민건강보험 요양급여의 기준에 관한 규칙 제13조 제4항 제9호, 제5항 제4호의 절차가 적용되는지 여부(소극)

구 국민건강보험법(2023. 5. 19. 법률 제19420호로 개정되기 전의 것) 제41조의4 제1항에서는 선별급여를 '예비적인 요양급여'라고 하여 요양급여의 일종으로 규정하고 있다. 그 결과 요양급여대상 약제를 선별급여대상 약제로 변경하더라도 요양급여대상 약제가 결정·고시되는 '약제 급여 목록 및 급여 상한금액표'에 여전히 요양급여대상 약제로서 등재가 유지되고, 국민건강보험공단의 보험재정에서 그 약제비용의 일부가 지출된다.

이러한 사정에 비추어 보면 요양급여대상인 약제를 선별급여대상으로 변경하는 것을 두고 요양급여대상을 비급여대상으로 변경한 것이라고 할 수는 없다. 따라서 요양급여대상을 선별급여대상으로 변경한 '요양급여의 적용기준 및 방법에 관한 세부사항'에 요양급여대상 약제를 비급여대상 약제로 변경할 때 적용되는 구 국민건강보험 요양급여의 기준에 관한 규칙(2020. 10. 8. 보건복지부령 제755호로 개정되기 전의 것) 제13조 제4항 제9호, 제5항 제4호의 절차가 적용된다고 볼 수는 없다.

[3] 구 국민건강보험법상 요양급여대상인 약제를 선별급여대상으로 변경할 경우, 행정절차법에 따른 처분의 사전통지나 의견제출의 기회를 주어야 하는지 여부(소극)

보건복지부고시 '요양급여의 적용기준 및 방법에 관한 세부사항'이 있을 당시 구 국민건강보험법(2023. 5. 19. 법률 제19420호로 개정되기 전의 것) 등 관련 규정에서는 요양급여대상인 약제를 선별급여대상으로 변경할 경우 거쳐야 할 절차에 관하여 아무런 규정을 두고 있지 않다. 그런데 '고시'의 방법으로 불특정 다수인을 상대로 의무를 부과하거나 권익을 제한하는 처분은 성질상 처분의 사전통지나 의견제출의 기회를 주어야 하는 상대방을 특정할 수 없으므로, 이와 같은 처분에서까지 상대방에게 행정절차법에 따른 처분의 사전통지나 의견제출의 기회를 주어야 하는 것은 아니다.

[4] 구 국민건강보험법상 선별급여 항목 및 본인부담률을 결정할 때 기준이 되는 약제의 임상적 유용성, 대체가능성 등에 관한 행정청의 판단은 존중되어야 하는지 여부(원칙적 적극)

구 '선별급여 지정 및 실시 등에 관한 기준'(2020. 8. 12. 보건복지부고시 제2020-172호로 개정되기 전의 것, 이하 '구 선별급여지정기준'이라 한다) 제3조 제1항 제3호에 따르면, 약제의 선별급여 항목 및 본인부담률은 임상적 유용성, 대체가능성 등을 종합적으로 평가하여 결정하되, 그 평가기준은 [별표 1]에서 구체적으로 정하고 있다.

선별급여 항목 및 본인부담률을 결정할 때의 기준이 되는 약제의 임상적 유용성, 대체가능성 등에 관한 판단에는 고도의 의료·보건상의 전문성이 필요하므로, 행정청이 국민의 건강을 보호·증진하고, 국민건강보험재정의 건전성을 유지하고자 하는 목적에서 국민건강보험법의 위임에 따른 구 선별급여지정기준이 정하는 바에 따라 전문적인 판단을 하였다면, 그 판단은 기초가 된 사실인정에 중대한 오류가 있거나 판단이 객관적으로 불합리하거나 부당하다는 등의 특별한 사정이 없는 한 존중되어야 한다.

요약

❶ '고시'의 방법으로 불특정 다수인을 상대로 의무를 부과하거나 권익을 제한하는 처분은 성질상 상대방을 특정할 수 없으므로 행정절차법에 따른 처분의 사전통지나 의견제출의 기회를 주어야 하는 것은 아니다.

❷ 선별급여 항목 및 본인부담률을 결정할 때의 기준이 되는 약제의 임상적 유용성, 대체가능성 등에 관한 판단에는 고도의 의료·보건상의 전문성이 필요하므로 국민건강보험법의 위임에 따른 구 선별급여지정기준이 정하는 바에 따라 전문적인 판단을 하였다면, 그 판단은 기초가 된 사실인정에 중대한 오류가 있거나 판단이 객관적으로 불합리하거나 부당하다는 등의 특별한 사정이 없는 한 존중되어야 한다.

대법원 2025. 4. 3. 선고 2023두31454 판결

[사실관계]

폐기물 종합재활용업자인 원고는 광재류 등 폐기물을 재활용하여 울산 울주군 (이하 생략) 소재 건축토목공사현장(이하 '이 사건 현장'이라 한다)에 성토재로 반입하였다. 피고(울주군수)는 2020. 3. 23. 원고가 이 사건 현장에 공급한 성토재에서 시료를 채취하여 토양오염 공정시험을 의뢰하였고, 검사 결과 위 성토재에서 구 폐기물관리법(2019. 11. 26. 법률 제16614호로 개정되기 전의 것, 이하 같다) 제13조의2 제3항, 구 폐기물관리법 시행규칙(2020. 5. 27. 환경부령 제868호로 개정되기 전의 것, 이하 같다) 제14조의3 제5항 [별표 5의4], 구 토양환경보전법 시행규칙(2020. 7. 14. 환경부령 제873호로 개정되기 전의 것) [별표 3] 토양오염우려기준(이하 '토양오염우려기준'이라고 한다) 중 이 사건 현장과 같은 임야 지역에 해당하는 2지역의 기준치를 초과하는 카드뮴, 아연, 불소가 검출된 사실이 확인되었다.

피고는 2020. 4. 27. 원고가 이 사건 현장에서 토양오염우려기준을 초과한 폐기물을 재활용하여 성토재로 사용함으로써 구 폐기물관리법 제13조의2 제3항에서 규정한 '폐기물을 재활용하는 자의 준수사항'을 위반하였다는 이유로 폐기물관리법 제48조에 따라 원고에게 2020. 5. 26.까지 이 사건 현장에 반입된 모든 폐기물을 수거하고 적법하게 처리한 뒤 이행완료보고서를 제출하라는 조치명령(이하 '이 사건 처분'이라 한다)을 하였다. 이에 원고는 이 사건 처분에 대한 취소를 구하는 소송을 제기하였다.

[판결요지]

☐ 폐기물을 토양 등에 접촉시켜 성토재 등으로 재활용하려는 자는 구 폐기물관리법 제13조의2 제1항 각호 및 제5호의 위임을 받은 구 폐기물관리법 시행규칙 제14조의3 제1항 [별표 5의3]에서 정한 폐기물 재활용 유형별 재활용 기준과 위 법 같은 조 제3항의 위임을 받은 위 시행규칙 같은 조 제5항 [별표 5의4]에서 정한 준수사항을 모두 따라야 하는지 여부(적극)

구 폐기물관리법(2019. 11. 26. 법률 제16614호로 개정되기 전의 것, 이하 같다)은 폐기물의 발생을 억제하는 동시에 발생한 폐기물을 친환경적으로 처리하여 환경보전과 국민생활의 질적 향상에 이바지하는 것을 목적으로 한다(제1조). 이를 위하여 구 폐기물관리법은 누구든지 폐기물을 재활용할 수 있도록 하면서도, 사람이나 환경에 위해가 발생할 우려가 있는 경우 폐기물의 재활용을 금지하는 '원칙적 허용·예외적 금지 방식'을 취하고 있다(제13조의2). 이러한 폐기물 재활용 제도의 체계와 한번 파괴된 환경은 회복에 막대한 시간과 비용이 소요되는 점을 고려하면, 폐기물 재활용을 활성화하되 그로 인한 환경오염 등의 부작용을 막기 위한 사전예방수단으로 폐기물의 재활용 기준과 재활용의 준수사항을 엄격하게 설정할 필요성이 크다.

폐기물을 토양 등에 접촉시켜 성토재 등으로 재활용하는 경우 재활용 대상 폐기물에 토양오염물질이 함유되어 있다면 이것이 기존 토양과 상호작용하는 과정에서 유해물질이 유출되어 토양을 오염시킬 가능성을 배제할 수 없다. 따라서 토양에 접촉하는 성토재 등으로 재활용하는 폐기물은 재활용 대상으로서 폐기물 자체의 처리와 관련한 기준이 필요할 뿐 아니라 토양오염을 예방·저감하기 위한 차원에서 관리될 필요가 있다. R-7-1 유형은 폐기물을 토양 등에 접촉시켜 성토재 등으로 재활용하는 전형적인 유형이고, 특히 토목·건축공사의 성토재로 사용된 폐기물은 공사가 완료되고 나면 이를 다시 분리해 내기도 쉽지 않다.

구 폐기물관리법 제13조의2에 따르면 제1항 각호에서 정한 폐기물 재활용 기준을 하나라도 위반한 경우 폐기물을 재활용할 수 없다. 재활용의 유형별로 구체적인 재활용 기준을 정한 제5호 및 그 위임을 받은 구 폐기물관리법 시행규칙(2020. 5. 27. 환경부령 제868호로 개정되기 전의 것, 이하 같다) 제14조의3 제1항 [별표 5의3](이하 '[별표 5의3]'이라 한다)과 달리, 제1호 내지 제3호는 토양오염을 비롯한 환경오염행위를 금지하면서도 구체적으로 어떠한 경우 환경오염행위에 해당한다고 볼 수 있는지에 대하여는 직접 정하지 않고 있다. 대신 같은 조 제3항에서 제1항이 정한 원칙을 지키기 위하여 필요한 오염 예방 및 저감 방법의 종류와 정도 등 준수사항은 환경부령으로 정한다고 규정하고 있으며, 그 위임에 따라 제정된 구 폐기물관리법 시행규칙 제14조의3 제5항 [별표 5의4](이하 '[별표 5의4]'라 한다)가 제1항에서 정한 오염·유해물질별로 오염 예방 및 저감 방법과 정도를 정하고 있다.

이러한 구 폐기물관리법의 문언과 체계에 비추어 보면, 폐기물을 재활용하려는 자는 같은 법 제13조의2 제1항 제1호 내지 제5호 및 제5호의 위임을 받은 [별표 5의3]이 정한 폐기물 재활용 유형별 재활용 기준을 모두 준수해야 하고, 나아가 같은 조 제1항 제1호 내지 제3호가 정한 기준을 위반하지 않기 위하여 [별표 5의4]에서 정한 준수사항을 따라야 한다.

위와 같은 사정을 종합하면, 구 폐기물관리법 제13조의2 제3항은 제1항과 중첩하여 적용되는 것이지, 제1항이 우선 적용되어 제3항의 적용을 배제하는 것이라거나, 제1항과 제3항이 서로 충돌하는 규정이라고 보기 어렵다.

요약

❶ 한번 파괴된 환경은 회복에 막대한 시간과 비용이 소요되는 점을 고려하면, 폐기물 재활용을 활성화하되 그로 인한 환경오염 등의 부작용을 막기 위한 사전예방수단으로 폐기물의 재활용 기준과 재활용의 준수사항을 엄격하게 설정할 필요성이 크다.

❷ 구 폐기물관리법 제13조의2 제3항은 제1항과 중첩하여 적용되는 것이지, 제1항이 우선 적용되어 제3항의 적용을 배제하는 것이라거나, 제1항과 제3항이 서로 충돌하는 규정이라고 보기 어렵다.

대법원 2025. 5. 15. 선고 2024두33891 판결

[사실관계]

소외인(이 사건 소송 계속 중 사망하였다. 이하 '망인'이라 한다)은 2006. 3. 7. 가설건축물 축조신고가 수리된 과천시 소재 농업용창고(연면적 48㎡, 1층 경량철골조, 이하 '이 사건 가설건축물'이라 한다)에 관하여 2022. 3. 10. 피고(과천시장)에게 가설건축물 존치기간 연장신고서를 제출하였다(이하 '이 사건 연장신고'라 한다).

피고는 2022. 3. 11. 및 같은 달 21. 두 차례에 걸쳐 망인에게 이 사건 가설건축물 대지 소유자의 대지사용승낙서를 제출하라고 보완을 요구하였다. 그런데도 망인이 대지사용승낙서를 제출하지 않자, 피고는 2022. 4. 4. 이 사건 연장신고를 반려하였다(이하 '이 사건 처분'이라 한다). 이에 망인은 이 사건 처분에 대한 취소를 구하는 소송을 제기하였다.

[판결요지]

☐ 가설건축물의 건축주가 가설건축물의 존치기간을 연장하고자 하는 경우, 연장신고서에 배치도·평면도 및 대지사용승낙서를 첨부하여 시장 등에게 제출해야 하는지 여부(적극)

건축법 제20조 제3항에 따르면, 일정한 용도의 가설건축물을 축조하려는 자는 대통령령으로 정하는 존치기간, 설치기준 및 절차에 따라 특별자치시장·특별자치도지사 또는 시장·군수·구청장(이하 '시장 등'이라 한다)에게 신고해야 한다. 이와 관련하여 건축법 시행령 제15조 제8항 본문은 '건축법 제20조 제3항에 따라 가설건축물의 축조신고를 하려는 자는 국토교통부령으로 정하는 가설건축물 축조신고서에 관계서류를 첨부하여 시장 등에게 제출하여야 한다.'고 규정하고, 구 건축법 시행규칙(2024. 12. 17. 국토교통부령 제1419호로 개정되기 전의 것, 이하 같다) 제13조 제1항은 가설건축물 축조신고서에 첨부해야 하는 '관계서류'로 '배치도·평면도 및 대지사용승낙서(다른 사람이 소유한 대지인 경우만 해당한다. 이하 같다)'를 명시하고 있다.

한편 건축법 시행령 제15조의2 제2항 제2호는 '존치기간을 연장하려는 가설건축물의 건축주는 해당 가설건축물이 신고 대상인 경우 존치기간 만료일 7일 전까지 시장 등에게 신고하여야 한다.'고 규정하고, 같은 조 제3항(이하 '준용규정'이라 한다)은 그 연장신고에 관하여 건축법 시행령 제15조 제8항 본문을 준용하되 이 경우 '축조신고'는 '존치기간 연장신고'로 본다고 규정한다.

위와 같은 관련 법령을 종합하여 해석하면, 가설건축물의 존치기간 연장신고를 하려는 사람은 연장신고서에 배치도·평면도 및 대지사용승낙서를 첨부하여 시장 등에게 제출해야 한다.

비록 구 건축법 시행규칙 제13조 제5항이 '가설건축물의 존치기간을 연장하고자 하는 자는 가설건축물 존치기간 연장신고서를 시장 등에게 제출하여야 한다.'고만 규정하고 있기는 하지만, 하위법령은 그 규정이 상위법령의 규정에 명백히 저촉되어 무효인 경우를 제외하고는 관련 법령의 내용과 입법 취지 및 연혁 등을 종합적으로 살펴 그 의미를 상위법령에 합치되는 것으로 해석해야 하는바, 위 준용규정에도 불구하고 그 하위법령인 구 건축법 시행규칙 제13조 제5항이 '관계서류'를 제외한 가설건축물 존치기간 연장신고서만을 제출서류로 한정하고 있다고 해석하는 것은 타당하지 않다.

요약

가설건축물의 존치기간 연장신고를 하려는 사람은 연장신고서에 배치도·평면도 및 대지사용승낙서를 첨부하여 시장 등에게 제출해야 한다.

대법원 2025. 5. 15. 선고 2023추5054 판결

[사실관계]

피고(서울특별시의회)는 2023. 3. 10. '서울특별시교육청 기초학력 보장 지원에 관한 조례안'(이하 '이 사건 조례안'이라 한다)을 의결하여 2023. 3. 13. 원고(서울특별시교육감)에게 이송하였다. 원고는 2023. 4. 3. 이 사건 조례안이 기관위임사무에 해당하는 사항을 위임 없이 정한 것으로 조례제정권을 넘어선다는 등의 이유로 피고에게 재의를 요구하였으나, 피고는 2023. 5. 3. 이 사건 조례안을 원안대로 재의결함으로써 이를 확정하였다.

이 사건 조례안은 제1조에서 "「기초학력 보장법」과 같은 법 시행령의 시행에 필요한 사항을 규정함으로써 서울특별시 내 학생의 학력 신장과 학습지원대상학생에 대한 지원을 내실 있게 전개할 수 있도록 하는 것을 목적으로 한다."라고 밝히고, 원고로 하여금 「기초학력 보장법」 제5조 제2항에 따라 매년 서울특별시교육청 기초학력 보장 시행계획을 수립·시행하도록 하는 한편(제4조), 원고에 대하여 미래 사회에 필요한 역량과 서울의 사회·경제적 여건 등을 고려하여 서울형 기초학력의 내용과 수준을 정할 수 있는 권한(제5조), 학교의 장이 「기초학력 보장법」 제7조에 따라 시행한 기초학력진단검사(이하 '기초학력진단검사'라 한다)의 지역·학교별 결과 등을 공개할 수 있는 권한(제7조) 및 서울특별시교육청 기초학력지원센터를 지정 또는 설치·운영할 수 있는 권한(제11조) 등을 부여하고 있다.

[판결요지]

[1] 지방자치단체가 기관위임사무에 관한 사항을 조례로 제정할 수 있는지 여부(원칙적 소극) 및 법령상 지방자치단체의 장이나 교육감이 처리하도록 규정하고 있는 사무가 자치사무인지 기관위임사무인지 판단하는 기준

지방자치단체는 주민의 복리에 관한 사무를 처리하고 재산을 관리하며, 법령의 범위 안에서 자치에 관한 규정을 제정할 수 있다(헌법 제117조 제1항). 지방자치법 제28조 제1항, 제13조에 따르면, 지방자치단체가 조례를 제정할 수 있는 사항은 지방자치단체의 고유사무인 자치사무와 개별 법령에 따라 지방자치단체에 위임된 단체위임사무에 한정된다. 국가사무가 지방자치단체의 장 또는 교육감에게 위임된 기관위임사무에 관한 사항은 원칙적으로 조례의 제정범위에 속하지 않는다. 법령상 지방자치단체의 장이나 교육감이 처리하도록 규정하고 있는 사무가 자치사무인지 기관위임사무인지를 판단할 때 그에 관한 법령의 규정 형식과 취지를 우선 고려해야 하지만, 그 밖에도 사무의 성질이 전국적으로 통일적인 처리가 요구되는 사무인지 여부나 그에 관한 경비부담과 최종적인 책임귀속의 주체 등도 아울러 고려해야 한다.

[2] 지방자치단체가 제정한 조례가 법령에 위반되는 경우, 그 조례의 효력(무효) 및 조례가 법령에 위반되는지 판단하는 기준 / 하위법령 규정이 상위법령 규정에 저촉되는지가 명백하지 않고, 하위법령의 의미를 상위법령에 합치되는 것으로 해석하는 것이 가능한 경우, 하위법령이 상위법령에 위반된다는 이유로 쉽게 무효를 선언할 수 있는지 여부(소극)

지방자치법 제28조 제1항 본문은 "지방자치단체는 법령의 범위에서 그 사무에 관하여 조례를 제정할 수 있다."라고 규정하고 있으므로 지방자치단체가 제정한 조례가 법령에 위반되는 경우에는 효력이 없는 것이고, 조례가 법령에 위반되는지는 법령과 조례의 각각의 규정 취지, 규정의 목적

과 내용 및 효과 등을 비교하여 둘 사이에 모순·저촉이 있는지 여부에 따라서 개별적·구체적으로 결정해야 한다.

한편 국가의 법체계는 그 자체로 통일체를 이루고 있으므로 상하규범 사이의 충돌은 최대한 배제하여야 하고, 또한 규범이 무효라고 선언될 경우에 생길 수 있는 법적 혼란과 불안정 및 새로운 규범이 제정될 때까지의 법적 공백 등으로 인한 폐해를 피해야 할 필요성에 비추어 보면, 하위법령의 규정이 상위법령의 규정에 저촉되는지가 명백하지 않은 경우에, 관련 법령의 내용과 입법 취지 및 연혁 등을 종합적으로 살펴 하위법령의 의미를 상위법령에 합치되는 것으로 해석하는 것이 가능한 경우라면, 하위법령이 상위법령에 위반된다는 이유로 쉽게 무효를 선언할 것은 아니다.

[3] 서울특별시의회가 의결한 '서울특별시교육청 기초학력 보장 지원에 관한 조례안'에 대하여 서울특별시교육감이 기관위임사무에 해당하는 사항을 위임 없이 정한 것으로 조례제정권을 넘어선다는 등의 이유로 재의를 요구하였으나, 의회가 위 조례안을 원안대로 재의결함으로써 확정한 사안에서, 위 조례안이 기관위임사무에 관한 것으로서 조례제정권의 한계를 벗어나거나 교육관련기관의 정보공개에 관한 특례법, 기초학력 보장법 등 상위법령에 위반되지 않는다고 한 사례

서울특별시의회가 의결한 '서울특별시교육청 기초학력 보장 지원에 관한 조례안'에 대하여 서울특별시교육감이 기관위임사무에 해당하는 사항을 위임 없이 정한 것으로 조례제정권을 넘어선다는 등의 이유로 재의를 요구하였으나, 의회가 위 조례안을 원안대로 재의결함으로써 확정한 사안에서, 위 조례안이 정한 사무는 지방자치법 제13조 제2항 제5호 (가)목이 지방자치단체의 사무로 정한 초등학교·중학교·고등학교 등의 운영·지도에 관한 사무에 해당하므로 위 조례안이 기관위임사무에 관한 것으로서 조례제정권의 한계를 벗어났다고 볼 수 없고, 교육감으로 하여금 기초학력진단검사의 지역·학교별 결과 등을 공개할 수 있도록 정하고 있는 위 조례안 규정의 취지는 기초학력진단검사의 지역·학교별 결과 등의 공개를 통해 학교교육에 대한 서울특별시 주민들의 알권리를 보장하는 한편 관심과 참여도를 끌어올림으로써 궁극적으로 기초학력을 신장시키는 것으로 교육관련기관이 학교교육과 관련하여 보유·관리하는 정보의 적극적 공개를 통한 국민의 알권리 보장 및 학교 교육에 대한 참여도 증진 등에 있는 교육관련기관의 정보공개에 관한 특례법(이하 '교육기관정보공개법'이라 한다)의 입법 취지와 충돌하지 않으므로 위 조례안 규정이 교육기관정보공개법 제5조 및 교육관련기관의 정보공개에 관한 특례법 시행령 제3조 제4항에 위반된다고 볼 수 없으며, 위 조례안 규정이 교육감으로 하여금 기초학력진단검사의 결과 등을 공개할 수 있도록 규정한 것이 기초학력진단검사의 결과 공유를 통해 학생, 학부모 및 학교가 모두 연계하여 학습지원대상학생에 대한 학습지원교육이 적시에 충분히 제공될 수 있도록 보장하기 위한 기초학력 보장법의 취지에 배치되는 것이라고 보기는 어렵다는 등의 이유로 위 조례안 규정이 기초학력 보장법 제7조 및 기초학력 보장법 시행령 제6조 제3항, 제4항에 위반된다고 볼 수 없다고 한 사례.

> **요약**
>
> ❶ 국가사무가 지방자치단체의 장 또는 교육감에게 위임된 기관위임사무에 관한 사항은 원칙적으로 조례의 제정범위에 속하지 않는다.
>
> ❷ 하위법령의 규정이 상위법령의 규정에 저촉되는지가 명백하지 않은 경우에, 관련 법령의 내용과 입법 취지 및 연혁 등을 종합적으로 살펴 하위법령의 의미를 상위법령에 합치되는 것으로 해석하는 것이 가능한 경우라면, 하위법령이 상위법령에 위반된다는 이유로 쉽게 무효를 선언할 것은 아니다.

13 대법원 2025. 5. 15. 선고 2024두35989 판결

[사실관계]

원고들은 ○○대학교에 재직 중인 교원들이다. 원고들은 2018년도부터 2020년도까지 국립대학회계법 제28조에 따른 교육·연구 및 학생지도 비용을 지급받았다. 한편 피고(○○대학교 총장)가 국립대학회계법 시행규칙 제22조 제6항 등에 근거하여 2018년도부터 2021년도까지 매년 정한 각 '교육·연구(산학협력) 및 학생지도 비용 지급 기준'(이하 '이 사건 각 지급 기준'이라 한다)에는 '부정한 방법으로 실적을 제출하거나 심사위원회의 평가 결과 부적합으로 판정된 경우 지급된 교육·연구 및 학생지도 비용을 환수한다.', '환수명령을 받은 교직원이 지정된 기한까지 해당 금액을 반납하지 아니하면 해당 금액을 완납할 때까지 교육·연구 및 학생지도 비용의 지급을 중지한다.'는 내용이 포함되어 있다.

교육부는 2021. 5. 24.부터 2021. 7. 16.까지 ○○대학교를 포함한 전국의 국공립대학에 대하여 교육·연구 및 학생지도 비용 감사를 실시하였다. 교육부는 감사 결과를 바탕으로 2021. 11. 25. 피고에게 '학생지도비 실적 제출 부적정', '연구영역 동일 실적물 중복 제출 부적정' 등을 사유로 원고들에 대하여 교육·연구 및 학생지도 비용 환수 및 신분상 조치를 하도록 요구하였다.

피고는 2022. 4. 27. 교내 이메일을 통하여 원고들에게 각각 '환수금 납입 안내'라는 제목의 문서를 첨부하여 교육·연구 및 학생지도 비용에 관한 환수금을 납부해 달라는 요청을 통지하였다(이하 '이 사건 각 환수 통지'라 한다). 이 사건 각 환수 통지에 첨부된 각 문서에는, 원고 1에 대해서 '학생지도비 실적 제출 부적정'을 사유로 교육·연구 및 학생지도 비용 552,000원을 환수한다는 내용이, 원고 2, 원고 3, 원고 4에 대해서 각각 '연구영역 동일 실적물 중복 제출 부적정'을 사유로 교육·연구 및 학생지도 비용 3,100,000원을 환수한다는 내용이 기재되어 있다.

[판결요지]

[1] 항고소송의 대상인 '처분'의 의미 및 행정청의 행위가 항고소송의 대상이 될 수 있는지 결정하는 방법

항고소송의 대상인 '처분'이란 "행정청이 행하는 구체적 사실에 관한 법집행으로서의 공권력의 행사 또는 그 거부와 그 밖에 이에 준하는 행정작용"을 말한다(행정소송법 제2조 제1항 제1호). 행정청의 행위가 항고소송의 대상이 될 수 있는지는 추상적·일반적으로 결정할 수 없고, 구체적인 경우에 관련 법령의 내용과 취지, 그 행위의 주체·내용·형식·절차, 그 행위와 상대방 등 이해관계인이 입는 불이익 사이의 실질적 견련성, 법치행정의 원리와 그 행위에 관련된 행정청이나 이해관계인의 태도 등을 고려하여 개별적으로 결정해야 한다.

[2] 교육부가 국공립대학의 교육·연구 및 학생지도 비용에 대한 감사 결과를 바탕으로 갑 국립대학교 총장에게 소속 교원 을 등에 대한 교육·연구 및 학생지도 비용 환수 및 신분상 조치를 하도록 요구함에 따라, 총장이 교내 이메일을 통해 을 등에게 '환수금 납입 안내'라는 제목의 문서를 첨부하여 교육·연구 및 학생지도 비용에 관한 환수금을 납부해 달라는 요청을 통지한 사안에서, 위 환수 통지는 행정청이 행하는 구체적 사실에 관한 법집행으로서 공권력의 행사인 '처분'에 해당한다고 한 사례

교육부가 국공립대학의 교육·연구 및 학생지도 비용에 대한 감사 결과를 바탕으로 갑 국립대학

교 총장에게 소속 교원 을 등에 대한 교육·연구 및 학생지도 비용 환수 및 신분상 조치를 하도록 요구함에 따라, 총장이 교내 이메일을 통해 을 등에게 '환수금 납입 안내'라는 제목의 문서를 첨부하여 교육·연구 및 학생지도 비용에 관한 환수금을 납부해 달라는 요청을 통지한 사안에서, 국립대학의 장의 지급 결정이나 환수 통지는 교육·연구 및 학생지도 비용의 지급과 환수에 관한 교직원의 권리·의무에 영향을 미치는 점, 교육공무원인 을 등은 국가공무원법상 성실 의무(제56조), 복종의 의무(제57조) 등을 부담하므로 환수 통지를 따라야 하고, 환수 통지에 따라 정해진 기한까지 환수금을 납부하지 않으면 환수금을 완납할 때까지 교육·연구 및 학생지도 비용을 지급받지 못하는 등 환수 통지로 직접적인 법적 불이익을 입는 점, 위 환수 통지는 국립대학의 회계 설치 및 재정 운영에 관한 법률 제28조 제2항, 국립대학의 회계 설치 및 재정 운영에 관한 법률 시행규칙 제22조 제5항의 순차 위임을 받아 총장이 제정한 갑 대학교 재정 및 회계의 운영에 관한 규정 제11조 제5항에 따라 이루어진 것인 점, 국립대학의 장의 환수 행위의 처분성을 인정하지 않으면 교직원이 교육·연구 및 학생지도 비용 환수에 관하여 다툼이 있는 경우, 법적 분쟁을 실효적으로 해결할 다른 구제수단을 찾기도 어려운 점을 종합하면, 위 환수 통지는 행정청이 행하는 구체적 사실에 관한 법집행으로서 공권력의 행사인 '처분'에 해당하는데도, 이와 달리 본 원심판단에 법리오해의 잘못이 있다고 한 사례.

요약

교육부가 국공립대학의 교육·연구 및 학생지도 비용에 대한 감사 결과를 바탕으로 갑 국립대학교 총장에게 소속 교원 을 등에 대한 교육·연구 및 학생지도 비용 환수 및 신분상 조치를 하도록 요구함에 따라, 총장이 을 등에게 한 환수 통지는 항고소송의 대상이 되는 행정처분이다.

★ 대법원 2025. 5. 29. 선고 2024두44754 판결

[사실관계]

일단의 토지 중 일부(이하 '이 사건 수용토지')가 수용되면서 잔여지(이하 '이 사건 잔여지')가 남게 되었는데, 이 사건 수용토지와 이 사건 잔여지는 현실적 이용상황 및 공법상 제한의 차이로 인해 사업시행지구에 편입되기 전의 단위면적당 단가에 차이가 존재하였다. 이에 이 사건 잔여지의 소유자인 원고는 사업시행자인 피고를 상대로 수용에 따른 가격감소로 인한 손실보상금을 청구하였다.

[판결요지]

☐ 일단의 토지 중 공법상 제한과 이용상황을 달리하는 부분이 수용된 사안에서 잔여지 가격감소 손실보상액 산정의 기초가 되는 '공익사업시행지구 편입 전의 잔여지 가격'의 산정방법

「공익사업을 위한 토지 등의 취득 및 보상에 관한 법률」 제73조 제1항, 같은 법 시행규칙 제32조 제1항에 따르면, 동일한 토지소유자에 속하는 일단의 토지의 일부가 취득됨으로 인하여 잔여지의 가격이 하락된 경우의 잔여지의 손실은 '공익사업시행지구에 편입되기 전의 잔여지의 가격'에서 공익사업시행지구에 편입된 후의 잔여지의 가격을 뺀 금액으로 평가한다. 여기에서 말하는 '공익사업시행지구에 편입되기 전의 잔여지의 가격'은 일단의 토지 전부가 공익사업시행지구로 편입되는 경우를 상정한 잔여지 부분의 평가액을 말한다. 이러한 경우 일단의 토지 전체를 1필지로 보고 토지 특성을 조사하여 그 전체에 대하여 단일한 가격으로 평가함이 원칙이다. 그러나 일단의 토지가 현실적 이용상황이나 용도지역 등 공법상 제한을 달리하여 가치가 명확히 구분되는 부분으로 구성된 경우에는 현실적 이용상황 또는 용도지역 등이 다른 부분별로 구분하여 평가하여야 한다.

일단의 토지 중 공익사업시행지구에 편입된 토지와 잔여지 사이에 현실적 이용상황이나 용도지역 등 공법상 제한에 차이가 있어 가치가 다름이 분명한데도, 편입된 토지와 잔여지의 가격을 모두 합산한 금액을 일단의 토지 전체 면적으로 나누어 산정된 단위면적당 가격에 잔여지의 면적을 곱하여 산출한 가격을 '공익사업시행지구에 편입되기 전의 잔여지의 가격'으로 인정할 경우, 잔여지와 가치를 달리하는 편입된 토지의 가치가 반영될 수밖에 없다.

결국 이러한 경우에는, '공익사업시행지구에 편입되기 전의 잔여지 가격'을 일단의 토지 전체의 단위면적당 단가에 잔여지의 면적을 곱하는 방식으로 산정하여서는 아니 되고, 일단의 토지 전부가 공익사업시행지구로 편입되는 경우를 상정하되, 「일단의 토지 전체의 가격에서 공익사업시행지구에 편입된 토지의 가격을 빼는 방식」 등으로 산정하여, 앞서 살핀 문제점이 발생하지 않도록 하여야 한다.

> **요약**
>
> ❶ 동일한 토지소유자에 속하는 일단의 토지의 일부가 취득됨으로 인하여 잔여지의 가격이 하락된 경우의 잔여지의 손실은 '공익사업시행지구에 편입되기 전의 잔여지의 가격'에서 공익사업시행지구에 편입된 후의 잔여지의 가격을 뺀 금액으로 평가한다.
> ❷ '공익사업시행지구에 편입되기 전의 잔여지의 가격'은 일단의 토지 전부가 공익사업시행지구로 편입되는 경우를 상정한 잔여지 부분의 평가액을 말한다.

대법원 2025. 6. 5. 선고 2023두47411 판결

[사실관계]

사립학교 학교법인이 관할청으로부터 교원인 원고에 대한 해임의 징계를 요구받았는데, 교원징계위원회로부터 '정직 2개월'의 징계의결서를 받은 후 그 징계의결 내용을 구 사립학교법 제66조의2 제1항에 따라 관할청에 통보하였어야 함에도 그 내용을 통보하지 아니한 채, 원고에 대하여 정직 2개월의 징계처분을 하였다. 이후 그 사실을 뒤늦게 알게 된 관할청이 사후적으로 학교법인에 대하여 징계의결 내용을 통보하도록 요구하고, 그 징계의결 내용을 통보받은 후 재심의를 요구하였으며, 그에 따라 학교법인이 교원징계위원회의 징계의결에 따라 선행 징계처분을 스스로 취소하고 '해임'의 징계처분을 하였다. 이에 원고는 교원소청심사위원회에 소청을 제기하였으나 기각되자, 그 취소를 구하는 소송을 제기하였다.

[판결요지]

☐ 사립학교 교원의 임용권자가 관할청으로부터 징계를 요구받은 사항에 대하여 교원징계위원회의 징계의결서를 받은 때에는 징계처분을 하기 전에 그 내용을 관할청에 통보하도록 정한 구 사립학교법(2020. 12. 22. 법률 제17659호로 개정되기 전의 것, 이하 '구 사립학교법') 제66조의2 제1항을 위반한 징계처분에 절차 위반의 하자가 있는지 여부(적극) 및 사립학교 교원의 임용권자가 위 규정을 위반하여 징계처분을 행한 후, 그 사실을 뒤늦게 알게 된 관할청의 재심의 요구에 따라 적법한 절차를 거쳐 선행 징계처분을 스스로 취소하고 행한 징계처분에 이중징계 등의 절차적 하자가 있는지 여부(소극)

구 사립학교법의 목적, 구 사립학교법 제54조 제3항, 제66조의2에 따른 관할청의 징계요구, 임용권자의 사전통보 및 관할청의 재심의 요구의 내용과 취지 등 여러 사정을 종합하면, 임용권자의 관할청에 대한 징계의결 내용 사전통보 의무를 규정한 구 사립학교법 제66조의2 제1항은 단순한 훈시규정이 아니므로, 임용권자가 이 조항을 위반하여 관할청에 징계의결 내용을 통보하지 아니한 채 행한 징계처분에는 구 사립학교법에서 정한 징계절차를 위반한 하자가 있다.

한편 구 사립학교법 제66조의2 제1항은 임용권자의 관할청에 대한 징계의결 내용 통보 및 관할청의 재심의 요구가 그 징계처분을 하기 '전'에 이루어지도록 규정하고 있다. 그러나 임용권자가 구 사립학교법 제66조의2 제1항에 따른 징계의결 내용 사전통보 의무를 위반하여 징계처분을 한 후에 관할청에 징계의결 내용을 사후적으로 통보한 경우에는 관할청 역시 징계처분 이후라고 하더라도 재심의 요구를 할 수 있다. 이 경우 임용권자는 구 사립학교법 제66조의2 제3항에 따라 해당 교원징계위원회에 재심의를 요구하여, 그 결과를 관할청에 통보할 의무가 있다.

이처럼 임용권자가 사전통보 의무를 위반한 채 징계처분을 한 후에 관할청에 징계의결 내용을 사후적으로 통보하고 관할청이 사후적으로 재심의 요구를 함에 따라 교원징계위원회에서 선행 징계처분과 다른 내용의 징계의결을 하였을 경우, 선행 징계처분의 처리 및 재심의 요구에 따른 후행 징계의결에 기초한 징계처분의 효력이 문제된다. 이때 임용권자는 선행 징계처분에 구 사립학교법 제66조의2 제1항에 따른 징계절차의 잘못이 있음을 들어 스스로 그 징계처분을 취소하고, 새로운 후행 징계처분을 할 수 있고, 선행 징계처분이 확정되어 그 집행이 종료되었다는 사정만으로 달리 볼 것은 아니다(대법원 1994. 9. 30. 선고 93다26496 판결, 대법원 2010. 6. 10. 선고 2009다97611 판결 등의 취지 참조). 이처럼 선행 징계처분을 취소하면 선행 징계처분은 소급하여 효력을 잃게 되므로, 선행 징계처분과 동일한 징계혐의사실에 대해 내려진 후행 징계처분이 이중징계라고 할 수 없다[대법원 2015. 4. 9. 선고 2012다79156, 2012다79163(병합) 판결 등의 취지 참조].

> **요약**
>
> ❶ 임용권자의 관할청에 대한 징계의결 내용 사전통보 의무를 규정한 구 사립학교법 제66조의2 제1항을 위반하여 관할청에 징계의결 내용을 통보하지 아니한 채 행한 징계처분에는 구 사립학교법에서 정한 징계절차를 위반한 하자가 있다.
>
> ❷ 임용권자가 사전통보 의무를 위반한 채 징계처분을 한 후에 관할청에 징계의결 내용을 사후적으로 통보하고 관할청이 사후적으로 재심의 요구를 함에 따라 교원징계위원회에서 선행 징계처분과 다른 내용의 징계의결을 하였을 경우, 임용권자는 선행 징계처분에 구 사립학교법 제66조의2 제1항에 따른 징계절차의 잘못이 있음을 들어 스스로 그 징계처분을 취소하고 새로운 후행 징계처분을 할 수 있다.
>
> ❸ 이처럼 선행 징계처분을 취소하면 선행 징계처분은 소급하여 효력을 잃게 되므로, 선행 징계처분과 동일한 징계혐의사실에 대해 내려진 후행 징계처분이 이중징계라고 할 수 없다.

대법원 2025. 6. 26. 선고 2023다252551 판결

[사실관계]

이 사건 정비구역을 관할하는 관악구청장은 서울특별시장으로부터 학교용지부담금의 부과·징수에 관한 사무를 위임받아 주택재개발정비사업조합인 원고에게 학교용지부담금을 부과(이하 '이 사건 처분')하였다. 위 학교용지부담금은 기존 가구 수 1,077호와 건립 세대 수에서 임대주택 세대 수를 제외한 1,237호를 비교하여 산정되었는데, 기존 가구 수에서 세입자 가구가 일부 제외되어있었다. 이에 원고는 이 사건 처분에 중대·명백한 하자가 있다고 주장하며 피고(서울특별시)를 상대로 납부한 학교용지부담금 상당의 부당이득반환을 청구하였다.

[판결요지]

[1] 학교용지부담금은 주택이 신규로 공급되어 학교시설 확보의 필요성을 유발하는 개발사업분을 기준으로 산정해야 하는지 여부(적극) 및 학교용지부담금 부과대상에서 제외되는 개발사업분은 정비구역 내에 실제 거주하였던 가구 수를 기준으로 산정해야 하는지 여부(적극)

구 「학교용지 확보 등에 관한 특례법」(2020. 3. 24. 법률 제17083호로 개정되기 전의 것, 이하 '구 학교용지법'이라고 한다)은 학교용지의 조성·개발·공급과 관련 경비의 부담 등에 관한 특례를 규정하여 학교용지의 확보 등을 쉽게 하려는 법률이다(제1조). 이에 필요한 재정을 충당하기 위하여 학교용지부담금을 개발사업시행자에게 부과하는 것은 개발사업시행자가 위와 같은 학교시설 확보의 필요성을 유발하였기 때문이다. 따라서 학교용지법상 학교용지부담금은 주택이 신규로 공급되어 학교시설 확보의 필요성을 유발하는 개발사업분을 기준으로 산정되어야 한다(대법원 2017. 12. 28. 선고 2017두30122 판결 참조).

구 학교용지법 제5조 제1항은 "시·도지사는 개발사업지역에서 단독주택을 건축하기 위한 토지를 개발하여 분양하거나 공동주택을 분양하는 자에게 학교용지부담금을 부과·징수할 수 있다. 다만, 다음 각 호의 어느 하나에 해당하는 개발사업분의 경우에는 그러하지 아니하다."라고 규정하면서 제5호에서 「'도시 및 주거환경정비법」 제2조 제2호 나목부터 라목까지의 규정에 따른 정비사업 시행 결과 해당 정비구역 내 가구 수가 증가하지 아니하는 경우'를 들고 있다. 이와 같은 구 학교용지법 제5조 제1항의 문언에 더하여 앞서 살핀 바와 같은 구 학교용지법의 입법 목적과 체계 및 규정 취지에 비추어 볼 때 구 학교용지법 제5조 제1항 제5호에 따라 학교용지부담금 부과대상에서 제외되는 개발사업분은 정비구역 내에 실제 거주하였던 가구 수를 기준으로 산정하여야 한다(대법원 2022. 12. 29. 선고 2020두49041 판결 참조).

[2] 학교용지부담금을 부과하면서 정비사업으로 증가하는 가구 수 산정시 기존 가구 수에 세입자 가구를 포함해야 함에도 이를 제외한 경우 학교용지부담금 부과처분에 중대·명백한 하자가 있다고 본 사례

학교용지부담금을 개발사업지역에서 공동주택을 분양하는 자에게 부과하는 이유는, 개발사업이 진행되는 지역에서 증가한 취학 수요에 대응하기 위하여 학교를 신설·증축하여야 하는데, 그러한 학교시설 확보의 필요성이 개발사업으로 인하여 유발되었기 때문이다. 구 학교용지법 제5조 제1항 제5호에서 「'도시 및 주거환경정비법」 제2조 제2호 나목부터 라목까지의 규정에 따른 정비

사업 시행 결과 해당 정비구역 내 가구 수가 증가하지 아니하는 경우 학교용지부담금 부과대상에서 제외하고 있는 것은, 개발사업 전 후 가구 수의 변동이 없는 경우 그러한 개발사업으로 인하여 위와 같은 학교시설 확보의 필요성이 발생하였다고 보기 어렵기 때문이다. 이와 같은 구 학교용지법의 문언과 체계, 학교용지부담금 부과의 취지 및 요건에 비추어, 학교용지부담금 부과대상인지 여부를 판단하기 위하여는 정비구역 내에 실제 거주하였던 가구 수를 기준으로 가구 수가 증가하였는지 여부를 산정하여야 한다. 그러므로 이를 산정하기 위한 정비사업 시행 전의 기존 가구 수에는 세입자 가구를 포함하여야 한다. 구 학교용지법 제5조 제1항 제2호에서 임대주택을 분양하는 경우 학교용지부담금 부과 대상에서 제외하고 있으나, 이는 주거안정을 위한 정책적 필요를 반영한 것일 뿐이므로, 이를 이유로 정비사업 시행 전 기존 가구 수에서 세입자 가구를 제외하여야 한다고 볼 수는 없다.

이 사건 처분은 정비사업으로 정비구역 내 가구 수가 증가하였는지 여부를 산정하면서 정비사업 전의 기존 가구 수에 세입자 가구를 일부 제외한 결과에 따라 원고에게 학교용지부담금을 부과한 것이다. 이는 앞서 본 구 학교용지법 제5조 제1항 제5호의 문언과 해석, 학교용지부담금 부과의 취지 및 요건에 반할 뿐만 아니라, 정비사업 시행 전의 기존 가구 수에 세입자 가구를 포함시킬 경우 원고에게 학교용지부담금을 부과할 수 있는지 여부가 달라지거나 부과할 수 있는 학교용지부담금이 줄어들게 되므로, 이 사건 처분은 법규의 중요한 부분을 위반한 중대한 하자가 있다. 나아가 이러한 하자는 객관적으로 명백하므로, 이 사건 처분은 당연무효라고 봄이 타당하다. 구체적인 이유는 다음과 같다.

1) 부담금관리 기본법 제5조 제1항은 '부담금은 설치목적을 달성하기 위하여 필요한 최소한의 범위에서 공정성 및 투명성이 확보되도록 부과되어야 한다.'라고 규정하고 있다. 부담금에 관한 법률의 해석에 관하여 그 부과요건이거나 감면요건을 막론하고 특별한 사정이 없는 한 법문대로 해석하여야 하고 합리적 이유 없이 확장해석하거나 유추해석하는 것은 허용되지 않는 것(대법원 2022. 12. 29. 선고 2022다218585 판결 참조)과 마찬가지로 그 감면요건을 부당하게 축소하여 해석하는 것도 허용될 수 없다.

2) 앞서 본 것과 같이, 구 학교용지법 제5조 제1항의 문언에 더하여 구 학교용지법의 입법 목적과 체계 및 규정 취지에 비추어 볼 때, 구 학교용지법 제5조 제1항 제5호에 따라 부담금 부과대상에서 제외되는 개발사업분은 사업구역 내에 실제 거주하였던 가구 수를 기준으로 산정하여야 함을 충분히 알 수 있고, 그 가구 수에는 세입자 가구를 포함하여야 한다는 것도 그 해석상 분명하다.

3) 이 사건 처분 이전부터 정비사업 시행 전의 기존 가구 수 산정 방식에 관하여 세입자 가구를 포함시켜야 한다는 취지의 법원 판단이 계속되었고, 관악구청장으로서는 법원의 판단 내용에 따라 법령 규정을 해석·적용하는 데 아무런 법률상 장애가 없었던 것으로 보인다.

요약

❶ 학교용지법상 학교용지부담금은 주택이 신규로 공급되어 학교시설 확보의 필요성을 유발하는 개발사업분을 기준으로 산정되어야 한다.

❷ 학교용지부담금 부과대상에서 제외되는 개발사업분은 정비구역 내에 실제 거주하였던 가구 수를 기준으로 산정하여야 한다. 그러므로 이를 산정하기 위한 정비사업 시행 전의 기존 가구 수에는 세입자 가구를 포함하여야 한다.

❸ 정비사업으로 정비구역 내 가구 수가 증가하였는지 여부를 산정하면서 정비사업 전의 기존 가구 수에 세입자 가구를 일부 제외한 결과에 따라 원고에게 학교용지부담금을 부과한 이 사건 처분은 법규의 중요한 부분을 위반한 중대한 하자가 있다. 나아가 이러한 하자는 객관적으로 명백하므로, 이 사건 처분은 당연무효라고 봄이 타당하다.

대법원 2025. 6. 26. 선고 2024두64000 판결

[사실관계]

튀니지 국적의 원고는 튀르키예에 체류하다가 출국하여 인천국제공항에 도착한 뒤 '전 남편으로부터 지속적으로 심각한 폭행과 괴롭힘을 당하였는데도 튀니지 경찰로부터 적절한 보호를 받지 못하였음'을 사유로 난민인정신청을 하였다. 이에 피고는 '원고가 난민법 시행령 제5조 제1항 제4호(안전한 국가로부터 온 경우) 또는 제7호(난민인정신청이 명백히 이유 없는 경우)에 해당한다'는 이유로 난민인정 심사 불회부결정을 하였고, 원고는 그 처분의 취소를 청구하는 소송을 제기하였다.

[판결요지]

[1] 난민법 시행령 제5조 제1항 제4호에서 정한 '안전한 국가로부터 온 경우'의 의미 및 증명책임의 소재(=피고)

난민법 제6조 제5항은 출입국항에서 하는 난민인정 신청의 절차 등 필요한 사항을 대통령령으로 정하도록 하였고, 그에 따라 난민법 시행령 제5조 제1항은 출입국항에서의 난민신청자를 난민인정 심사에 회부하지 아니할 수 있는 사유로 제1호부터 제7호까지의 사유를 열거하고 있는데, 그 중 제4호는 "박해의 가능성이 없는 안전한 국가 출신이거나 안전한 국가로부터 온 경우"를 규정하고 있다. 위와 같이 '안전한 국가로부터 온 경우'를 난민인정 심사 불회부사유로 규정한 취지는, 출입국항에서의 난민신청자가 대한민국 출입국항에 도착하기 이전까지 거쳐 온 국가에서 난민인정 심사를 받아 난민으로 인정받을 수 있는 실질적인 기회가 있다면, 그 국가에서 난민인정신청을 하여 심사를 받도록 대한민국에서의 심사 기회를 주지 않을 수 있는 재량을 인정함으로써, 난민인정 심사 절차의 효율성을 제고하려는 데에 있다.

이러한 출입국항에서의 난민인정신청제도의 목적과 난민신청자의 강제송환금지의 원칙을 규정한 난민법 제3조의 입법 취지 등을 고려하면, 앞서 본 규정에서 말하는 '안전한 국가로부터 온 경우'란 아래의 조건들을 모두 충족하는 경우를 의미한다고 해석함이 타당하고, 그 증명책임은 이를 주장하는 피고에게 있다.

가) 출입국항에서의 난민신청자가 출신국을 제외하고 대한민국 출입국항에 도착하기 이전까지 거쳐 온 국가에 재입국할 수 있음이 보장되어야 한다.

나) 당해 난민신청자가 그 국가에서 난민인정 신청을 할 경우 실질적으로 난민신청자로서의 권리, 즉 특별한 사정이 없는 한 공정하고 실질적인 난민인정 심사를 받고, 불복 기회가 부여되며, 난민불인정결정이 확정되기 이전에는 그 의사에 반하여 강제로 송환될 우려가 없을 것을 보장받을 수 있어야 한다.

다) 나아가 난민의 요건을 갖추고 있을 경우 난민으로 인정되고 이에 따라 국제적으로 일반화되어 통용되고 있는 기준에 상응하는 지위와 처우가 보장될 수 있어야 한다.

[2] 난민법 시행령 제5조 제1항 제7호에서 정한 '난민인정신청이 명백히 이유 없는 경우'의 판단기준 및 증명책임의 소재(=피고)

난민법 제6조 제5항, 난민법 시행령 제5조 제1항 제7호는 출입국항에서의 난민신청자를 난민인정 심사에 회부하지 아니할 수 있는 사유 중 하나로 "그 밖에 오로지 경제적인 이유로 난민인정을 받으려는 등 난민인정 신청이 명백히 이유 없는 경우"를 규정하고 있다. 여기에서 '명백히 이유 없는 경우'는 행정청이 신청자를 난민인정 심사에 회부하지 않을 수 있는 소극적 요건이다.

난민법 제6조 제3항은 법무부장관으로 하여금 출입국항에서 난민인정신청서를 제출한 외국인에 대하여 신청서가 제출된 날로부터 비교적 단기간인 7일 이내에 난민인정 심사에 회부할 것인지 여부를 신속하게 결정하여야 한다고 하는 한편, 그 기간 안에 이를 결정하지 못할 경우 그 신청자의 입국을 허가하도록 하여 출입국항에서의 난민신청자에게 난민인정 심사의 기회를 제공하는 것을 원칙으로 정하고 있다. 이와 함께 박해의 위험에 처해 있을 수도 있는 외국인이 출입국항에서 입국심사를 받으면서 난민인정 심사를 받을 수 있는 기회를 부여하여 출입국항에서 바로 강제송환당하는 것을 방지하는 데에 출입국항에서의 난민인정신청제도의 목적이 있음을 고려하여 보면, 난민법 시행령 제5조 제1항 제7호는 난민의 요건을 충족하지 못함이 외견상 명백한 사안에서 선행적 조치를 취하여 난민인정 심사 절차의 효율성을 제고함에 그 취지가 있지, 그 심사 절차 자체를 간이하게 운영하는 것을 허용하는 취지라고 볼 수 없다. 따라서 행정청이 신청자를 난민인정 심사에 회부하지 않을 수 있는 소극적 요건으로서 일반조항에 해당하는 난민법 시행령 제5조 제1항 제7호의 '명백히 이유 없는 경우'를 해석·적용할 때는, 출입국항에서 입국심사를 받으며 난민인정 신청을 하는 외국인의 난민법상 절차적 권리가 실질적으로 배제되는 결과가 일어나지 않도록 유의할 필요가 있다.

이러한 점에서 난민인정 신청이 명백히 이유 없는 경우라고 하기 위해서는, 그 신청의 내용 자체에서 법리상 받아들여질 수 없음이 외견상 명백한 이유를 들고 있는 경우, 또는 난민 요건의 주요사실에 관한 주장에 의심스러운 점이 있다는 것을 넘어, 주요사실에 관한 주장 자체에 심각한 모순이 있거나 객관적 자료와 현저히 배치되는 등 난민인정 신청의 이유 없음이 명백히 드러날 정도에 이르러야 한다. 사실관계를 정확히 조사하여야 비로소 그 주장의 이유 없음이 밝혀질 수 있는 경우라면, 난민인정 신청이 명백히 이유 없는 경우라고 할 수 없다. 나아가 난민인정 신청이 명백히 이유 없다는 점에 관한 증명책임은 피고에게 있다.

요약

❶ 난민신청자를 난민인정 심사에 회부하지 아니할 수 있는 사유에 해당하는 '안전한 국가로부터 온 경우'의 그 증명책임은 이를 주장하는 피고에게 있다.

❷ 행정청이 신청자를 난민인정 심사에 회부하지 않을 수 있는 소극적 요건으로서 '명백히 이유 없는 경우'를 해석·적용할 때는 출입국항에서 입국심사를 받으며 난민인정 신청을 하는 외국인의 난민법상 절차적 권리가 실질적으로 배제되는 결과가 일어나지 않도록 유의할 필요가 있다.

❸ 난민인정 신청이 명백히 이유 없다는 점에 관한 증명책임은 피고에게 있다.

대법원 2025. 7. 26. 선고 2024두39158 판결

환송판결 대법원 2020. 7. 29. 선고 2017두63467 판결
원심판결 서울고등법원 2024. 2. 14. 선고 2020누50128 판결
판결선고 2025. 7. 16.

【주 문】

원심판결의 피고 패소 부분 중 피고보조참가인 N, O, P에 대한 부분을 파기하고, 이 부분 사건을 서울고등법원에 환송한다.
원고들과 피고보조참가인 한국교통연구원의 각 상고 및 피고의 나머지 상고를 기각한다. 상고비용 중 피고보조참가인 한국교통연구원의 보조참가 및 상고로 인한 부분은 피고보조참가인 한국교통연구원이 부담한다.

【판결이유】

상고이유를 판단한다.

1. 피고보조참가인 N, O, P의 상고이유에 관하여
가. 원심은 판시와 같은 이유로 다음과 같이 판단하였다.
1) 피고보조참가인(이하 '참가인'이라고만 한다) 한국교통연구원은 J시로부터 J경량전철 건설사업(이하 '이 사건 사업'이라 한다)과 관련한 수요예측과 협상 등을 의뢰받아 처리했던 기관이다. 참가인 N은 2002년 7월경 U이 제출한 이 사건 사업의 사업계획서 평가단 단장이자 2002년 9월경 U과 이 사건 사업에 관한 협상 당시 V 단장이었다. 참가인 O는 2000년경부터 이 사건 사업에 관여한 사람으로 협상단에서 사업성 분야 총괄간사를 맡았고, 참가인 P는 W대학교 교수로서 협상단에서 교통·수요 등의 분야를 맡았다.
2) 참가인 한국교통연구원이 J시와 체결한 용역계약에 따라 2001. 9. 5. 제출한 'J시 경량전철 실행플랜'(이하 '이 사건 실행플랜'이라 한다)에는 타당성 분석에 있어 과도한 수요예측 결과를 바탕으로 한 오류가 있었다. 참가인 N, O, P(이하 이들을 통틀어 '참가인 연구원들'이라고 한다)는 이 사건 실행플랜의 수요예측 결과가 이 사건 사업 협상에 곧바로 영향을 미칠 것임을 알고 있었을 것인데도 이 사건 실행플랜과 관련한 용역 등 업무를 수행하면서 과도한 수요예측을 방지하기 위한 노력을 충분히 기울이지 않았다. 이로써 과도한 수요예측 결과가 반영된 이 사건 실행플랜에 근거하여 이 사건 사업의 정책결정이 이루어지도록 하는 데에 영향을 미쳤을 뿐만 아니라, 협상단에 참여하여 이 사건 실행플랜을 바탕으로 한 'J경량전철 민간투자시설사업 실시협약'(이하 '이 사건 실시협약'이라 한다) 내용에도 직접적인 영향을 미쳤다. 이는 J시에 대한 불법행위를 구성하므로 참가인 연구원들은 J시에 손해배상책임을 부담한다.
나. 그러나 원심의 판단은 다음과 같은 이유에서 그대로 받아들이기 어렵다.
1) 민법 제391조는 이행보조자의 고의·과실을 채무자 자신의 고의·과실로 간주함으로써 채무불

이행책임을 채무자에게 귀속시키고 있다. 따라서 법률행위 성립의 효과뿐만 아니라 위반의 효과인 채무불이행책임도 채무자 본인에게 귀속되고, 다른 법령에서 정하는 등의 특별한 사정이 없는 한 그 법률행위에 관하여 채무자의 이행보조자에게 손해배상책임을 물으려면 민법 제750조에 따른 불법행위책임 등이 별도로 성립해야 한다. 채무자의 이행보조자가 채무자와 계약을 체결한 거래상대방에 대하여 직접 민법 제750조에 따른 불법행위책임을 진다고 보기 위해서는, 이행보조자의 행위가 거래상대방에 대한 채무불이행의 결과를 초래한다는 사정만으로 부족하고, 이행보조자와 채무자 사이의 내부관계에서 벗어나 거래상대방과의 관계에서 사회상규에 어긋나는 위법한 행위라고 인정될 수 있는 정도에 이르러야 한다. 그와 같은 위법한 행위에 해당하는지는 이행보조자의 침해행위 태양과 침해의 고의 유무, 채무자의 거래상대방이 침해받은 권리의 내용 등을 종합적으로 고려하여 개별적・구체적으로 판단해야 한다(대법원 2019. 5. 30. 선고 2017다53265 판결 등 참조).

한편, 동일한 사실관계에서 발생한 손해의 배상을 목적으로 하는 경우에도 채무불이행을 원인으로 한 배상청구와 불법행위를 원인으로 한 배상청구는 청구원인을 달리하는 별개의 소송물이므로 법원은 원고가 행사하는 청구권에 관하여 다른 청구권과는 별개로 성립요건과 법률효과 인정 여부를 판단해야 하고, 계약 위반으로 인한 채무불이행이 성립한다고 하여 그것만으로 불법행위가 성립하는 것은 아니다(대법원 2021. 6. 24. 선고 2016다210474 판결 등 참조).

2) 이러한 법리와 기록에 비추어 원심판결 이유를 살펴본다.

가) J시로부터 이 사건 사업에 관한 수요예측과 협상 등에 관한 용역을 의뢰받아 시행하였던 주체는 참가인 한국교통연구원이다. 참가인 연구원들은 참가인 한국교통연구원 소속 연구원 또는 외부전문가로서, 참가인 한국교통연구원의 용역 수행에 있어 이행보조자 지위에 있었다고 보인다.

나) 원심은 참가인 연구원들이 이 사건 실행플랜과 관련한 용역을 수행하면서 과도한 수요예측을 방지하기 위한 노력을 충분히 기울이지 않았다는 점을 이들이 J시에 대하여 불법행위에 따른 손해배상책임을 부담하는 근거로 보았다. 그에 관한 구체적 사정으로, ① 이 사건 실행플랜의 수요예측이 1996년 기본계획 수립 당시 수요예측을 재확인한 수준에 불과하여 합리성을 찾기 어렵다는 점, ② 가상의 상황(경전철 노선, 비용, 통행시간 등을 가정한 상황)에서 피조사자의 선호에 따른 교통수단 선택을 조사하는 선호의식 조사는 수요가 과다하게 추정될 소지가 크므로 그러한 단점을 극복하기 위해 노력했어야 하는데도 그러지 않았다는 점, ③ 이 사건 실행플랜 작성 당시 아직 검토 단계에 있던 택지계획까지 수요예측에 긍정요소로 고려하였다는 점, ④ 이 사건 실행플랜이 이 사건사업의 추진 여부를 결정하기 위한 사업성 검토라는 측면에서 이루어졌다기보다 사업 추진을 먼저 결정한 뒤 거기에 정당성을 부여하는 근거를 마련하기 위해 작성된 것이라고 볼 여지도 있어서 이 사건 실행플랜 기재 내용의 신뢰성에 의문이 있다는 점 등을 들고 있다.

다) 원심이 들고 있는 위와 같은 사정들은 참가인 한국교통연구원이 J시로부터 의뢰받은 용역을 의뢰 취지에 따라 충실히 수행하였는지 등 채무불이행책임 유무를 판단함에 있어 이행보조자의 과실 측면에서 고려할 사정이 될 수 있으나, 참가인 연구원들이 독자적으로 J시에 불법행위책임을 부담하는 근거가 되기에는 부족하다. 참가인 연구원들의 행위가 J시에 대한 독자적인 불법행위에 해당하기 위해서는 이들의 행위가 J시와의 관계에서 사회상규에 어긋나는 위법한 것임이 인정되어야 하는데, 원심이 들고 있는 사정만으로는 참가인 한국교통연구원이 J시로부터 의뢰받은 용역의 수행을 그 이행보조자인 참가인 연구원들이 충실히 하지 않음으로써 참가인 한국교통연구원이 용역을 불완전하게 이행하였고 이로 말미암아 J시가 손해를 입었음을 알 수 있을 뿐, 더 나아가 참가인 연구원들이 J시에 대하여 사회상규에 어긋나는 위법한 행위를 하였다고 인정하기는 어렵기 때문이다. 또한 참가인 연구원들의 행위로 인하여 참가인 한국교통연구원의 채무불이행 성립요건이 충족된다는 사정만으로 곧바로 참가인 연구원들의 불법행위 성립요건이 충족되는 것도 아니다.

라) 사정이 이러하다면, 원심으로서는 참가인 연구원들의 법적·사회적 지위와 용역업무 수행에서의 역할 등에 따라 J시와의 관계에서 어떠한 주의의무를 부담하고 있었는지, 참가인 연구원들이 참가인 한국교통연구원의 용역 관련 업무를 수행하면서 한 행위들 중에서 구체적으로 어떠한 행위가 위와 같은 주의의무를 위반하였는지, 그 행위가 사회상규에 어긋나는지, 그러한 행위를 함으로써 J시에 직접적으로 손해를 가하였는지 등을 심리한 다음 이를 바탕으로 참가인 연구원들의 불법행위로 인한 손해배상책임 성립 여부를 개별적·구체적으로 판단하였어야 했다.

3) 그런데도 원심은 참가인 연구원들이 J시에 대하여 독자적으로 손해배상책임을 진다고 볼 만한 위법한 행위가 있었는지에 관한 개별적·구체적 심리 없이 앞서 본 사정만으로 참가인 한국교통연구원의 채무불이행에 따른 손해배상책임뿐만 아니라 참가인 연구원들의 J시에 대한 불법행위에 따른 손해배상책임도 인정하였다. 이러한 원심의 판단에는 불법행위에 따른 손해배상책임 성립 등에 관한 법리를 오해함으로써 필요한 심리를 다하지 아니하여 판결에 영향을 미친 잘못이 있다.

2. 원고들, 피고, 참가인 한국교통연구원의 각 상고이유에 관하여
가. 원심은 판시와 같은 이유로 다음과 같이 판단하였다.
1) 참가인 한국교통연구원이 제출한 이 사건 실행플랜에는 건설 타당성을 분석하면서 과도한 수요예측 결과를 바탕으로 한 오류가 있었고, 이러한 오류는 J시장 X이 이 사건 실시협약 체결을 결정하는 데 영향을 주었다. 따라서 참가인 한국교통연구원은 용역계약 불완전이행으로 J시에 손해를 입힌 잘못이 있다. 2002. 7. 1.부터 2006. 6. 30.까지 J시장으로 재직하던 X은 수요예측이 과도하게 된 이 사건 실행플랜에 관한 확인·검토 등 재무회계행위를 함에 있어 시장에게 요구되는 주의의무를 현저히 게을리 한 채 이 사건 실시협약을 체결하였다. 이러한 행위는 위법한 재무회계행위에 해당하고 여기에 X의 중대한 과실이 존재하므로 J시에 대한 불법행위를 구성한다.

2) 이와 같은 참가인 한국교통연구원의 채무불이행과 X의 불법행위로 J시는 이 사건 실행플랜에서의 수요예측보다 현저히 낮은 실제 이용객으로 인하여 J시가 매년 부담해야 하는 재정지원금 상당의 손해를 입었다. 그러나 구체적 손해액수를 특정하기 어려우므로, 그 손해액은 행정소송법 제8조 제2항, 민사소송법 제202조의2에 따라 변론 전체의 취지와 증거조사 결과에 의하여 인정되는 모든 사정을 종합하여 상당하다고 인정되는 금액으로 정함이 타당하다. 그 금액은 'J시가 2013년부터 2022년까지 Y 주식회사에 이 사건 실시협약에 대한 변경협약 제26조 제2항에 따라 실제 지급한 금액'의 합계액인 4,293억 6,191만 8,000원으로 정한다. 한편, 이 사건 사업으로 J시에 귀속되는 경전철 관련 시설과 시스템 및 사용·수익 등에 관한 권리 일체의 취득에 대한 대가는 이미 지급되어 손익공제 대상이 될 수 없으며, 그 밖에 이 사건 사업으로 J시가 취득한 유·무형의 경제적 이익은 구체적으로 인정하기 어려워 X과 참가인 한국교통연구원이 부담하는 손해액에서 공제할 수 없다.

3) X이 정부출연 연구기관인 참가인 한국교통연구원의 수요예측 결과를 신뢰한 것은 어느 정도 수긍할 수 있고 이 사건 실시협약을 체결하면서 민간투자사업 심의위원회 심의도 거쳤다는 사정을 고려하면 X의 책임비율을 5%로 제한함이 타당하다. 참가인 한국교통연구원의 경우, 수요예측 결과를 반영한 이 사건 실시협약 체결 여부의 결정권한이 최종 책임자인 X에게 있었다는 사정과 J시가 입은 손해액에 비하여 참가인 한국교통연구원과 J시가 체결한 용역계약에 따른 용역대금액이 현저히 적은 사정 등을 고려하면 책임비율을 1%로 제한함이 타당하다.

4) 다음과 같은 사실이나 사정들, 즉 ① 철제차륜 선정, 철도설계기준의 충격계수 적용, 상·하부 구조물 과다 건설, 필요하지 않은 공사비 증액이나 세부내역 없는 공사비 승인, ② 최소운영수입 보장 규모를 단계적으로 축소할 필요가 있다는 민간투자사업심의위원회의 의견을 이 사건 실시협약에 반영하지 않은 점, ③ Z 기간의 손실금을 보전하기로 하는 내용이 이 사건 실시협약에 포함되어 있

다는 점만으로는 J시에 손해가 발생하였다고 보기 어렵고, 손해가 발생하였다고 보더라도 X에게 손해배상책임을 지울 정도의 고의 또는 중대한 과실은 인정되지 않는다. X이 AA으로 하여금 AB에 2공구 토목공사 중 차량기지 공사를 하도급하도록 한 뒤 AB 운영자 AC로부터 미화 1만 달러를 수수하였다는 이유로 유죄판결을 선고받았다고 하여 J시에 손해가 발생하였다고 보기도 어렵다.

5) J시가 2009. 7. 7. 한국철도시설공단과 AD 건설사업 조기개통구간(AJ-AK) 추가사업비 부담협약을 체결한 것이 당시 J시장 AE의 위법한 재무회계행위에 해당한다거나 이에 대하여 AE의 고의 또는 중대한 과실이 인정된다고 보기 어렵다.

6) 2010. 7. 1.부터 2014. 6. 30.까지 J시장으로 재직하던 AF가 Y 주식회사 작성의 준공보고서를 반려하고 이 사건 실시협약을 철회하면서 그에 관한 변경협약을 체결한 일련의 행위가 위법한 재무회계행위에 해당한다고 보기 어렵고, AF에게 손해배상책임을 부담시킬 만한 중대한 과실이 있다고 보기도 어렵다. AF에게 손해배상책임이 인정되지 않는 이상 당시 정책보좌관으로 있던 참가인 K의 손해배상책임도 인정되지 않는다.

나. 원심판결 이유를 관련 법리와 기록에 비추어 살펴보면, 원심판결의 이유 설시에 다소 적절하지 않은 부분이 있기는 하지만 위와 같은 원심의 결론은 수긍할 수 있고, 거기에 상고이유 주장과 같이 필요한 심리를 다하지 않은 채 논리와 경험의 법칙을 위반하여 자유심증주의의 한계를 벗어나거나 장래이행의 소, 손해배상책임의 성립과 인정 범위, 손해액 산정, 지방자치법상 주민소송의 요건 등에 관한 법리를 오해하여 판결에 영향을 미친 잘못이 없다(앞서 본 것처럼 참가인 연구원들의 불법행위에 따른 손해배상책임 부분에 관한 참가인 연구원들의 상고이유를 받아들이므로, 원심이 이를 전제로 참가인 한국교통연구원의 사용자책임에 따른 손해배상책임을 인정한 판단도 문제가 될 수 있다. 그러나 이와 선택적 병합관계에 있는 참가인 한국교통연구원의 채무불이행에 따른 손해배상책임을 인정한 원심의 결론을 수긍하는 이상 원심이 이와 동일한 금액으로 인용한 참가인 한국교통연구원의 사용자책임에 따른 손해배상책임에 관한 판단 부분에 잘못이 있다고 하여도 판결 결과에는 영향이 없다).

3. 결론

원심판결의 피고 패소 부분 중 참가인 연구원들에 대한 부분을 파기하고 이 부분 사건을 다시 심리·판단하도록 원심법원에 환송한다. 원고들과 참가인 한국교통연구원의 각 상고 및 피고의 나머지 상고를 기각하고, 상고비용 중 참가인 한국교통연구원의 보조참가 및 상고로 인한 부분은 패소자인 위 참가인이 부담하게 한다. 이에 관여 대법관의 일치된 의견으로 주문과 같이 판결한다.

2025
행정법 최신판례

초판발행 2023년 09월 22일
2판발행 2024년 06월 19일
3판발행 2025년 07월 25일

지은이 정선균
디자인 이나영
발행처 주식회사 필통북스
등 록 제2019-000085호
주 소 서울특별시 관악구 신림로59길 23, 1201호(신림동)
전 화 1544-1967
팩 스 02-6499-0839
homepage http://www.feeltongbooks.com/

ISBN 979-11-6792-233-5 [13360]

정가 15,000

| 이 책은 저자와의 협의 하에 인지를 생략합니다.
| 이 책은 저작권법에 의해 보호를 받는 저작물이므로 주식회사 필통북스의 허락 없는 무단전제 및 복제를 금합니다.